꿈을 이루는 방법은 하나가 아니야

꿈을 이루는
방법은
하나가 아니야

오카지마 카나타 지음
정은희 옮김

✦ 나는 중졸 작사 · 작곡가

Little▲

✦ 일러두기

• 본문의 각주는 옮긴이가 작성했습니다.

• 외국어 표기는 국립국어원 외래어 표기법을 따랐습니다.
  그러나 대중이 이미 광범위하게 사용하는 단어가 있는 경우, 알아보기
  쉽도록 이를 수용했습니다.

내 꿈이니까
나답게 이루면 되는 거야

이 책을 읽는 여러분은 지금 어떤 미래를 그리고 있나요?

여러분이 꿈꾸고 있는 삶은 어떤 모습일까요?

힘들었던 10대 시절, 저에겐 미래 따윈 없었습니다. 그저 제 자신이 이 세상에 필요 없는 존재, 태어나지 말았어야 할 존재인 것 같아 하루빨리 세상에서 사라져 버리고만 싶었죠.

저의 10대는 하루하루를 버텨 내는 순간들의 연속이었습니다.

그런데 소중한 사람들을 만나고 인연을 맺으면서 '이 세상에 살아남아도 되겠구나.' 하고 생각하게 되었습니다. 어느 날은 스스로 깜짝 놀랄 정도로 행복해하는 자신을 발견하기도 했답니다.

그리고 지금은 더 이상 제 자신이 이 세상에 어울리지 않는 존재가 아니라는 걸 잘 알고 있습니다.

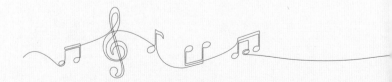

어떻게 그럴 수 있었냐고요? 지금부터 그 비밀을 알려 드리려고 합니다.

주변에서 환영받지 못했던 10대의 제게, 그날은 여느 때와 다를 바 없는 하루였습니다.

그저 오늘이 빨리 끝나기만을 바라던 보통의 날이었죠.

늦은 오후, 다른 때와 마찬가지로 음악을 들으며 멍하니 앉아 있는데, 그날따라 항상 듣던 노래가 좀 다르게 느껴졌습니다. 굉장히 익숙한 노래인데도 자신도 모르게 귀 기울이게 되는 일을 아마 여러분도 한번쯤 경험해 본 적이 있을 거예요. 그 노래를 계속 듣고 있자니 전왠지 울고 싶어졌습니다. 그때 마음 깊은 곳에서 누군가 이렇게 속삭였죠.

'음악을 하면…… 너도 다른 사람들에게 무언가 될 수 있지 않을까?'

'그들도 너처럼 잠시나마 따스한 위로를 받을 수 있지 않을까?'

그날 그렇게 제게 꿈이란 것이 생겼습니다.
그날은 공기처럼 존재감 없이 떠돌던 제가 세상에 처음 발을 딛고 선 날이기도 합니다.

✦ 꿈을 이루는 방법엔
│ 정답이 없습니다

남들과는 다른 길을 선택하여 걸어온 지도 20년이 흘렀습니다. 그 꿈을 잃지 않기 위해 넘어서야 했던 시련과 위기가 많았지만, 지금은 누구보다 스스로에게 만족하며 살고 있죠.
이제부터 제가 이야기하려는 '꿈을 이루는 방법'은 조금 특이하게 보일 수 있습니다.

하지만 꿈을 이루는 방법에 정답이란 건 없어요.

여러분이 꿈꾸는 미래의 모습이 모두 다르듯이, 꿈을 이루는 방법 또한 각자 다를 수 있습니다.

적어도 저는 그렇게 믿습니다.

지금 저는 작사·작곡가로 활동하고 있습니다. 감사하게도 여태까지 제작에 참여한 곡은 500곡이 넘습니다. 그런 곡들이 오리콘 차트† 1위에 오른 적도 120회가 넘죠. 여러분이 알고 있는 곡 중에도 어쩌면 제가 만든 곡이 있을지 모릅니다. 아니, 반드시 하나쯤 있으면 좋겠네요! 😊

예전에는 이런 방식으로 꿈을 이루게 되리라고는 짐작도 하지 못했습니다. 이런 삶을 살게 될 줄도 몰랐

† 일본에서 가장 유명하고 영향력이 큰 음악 순위 차트. 음악 외에도 영화 및 애니메이션 DVD, 블루레이, 도서 등의 판매량을 집계해 발표한다.

죠. 중학교 때는 '고등학교에 다니면서 음악 공부를 병행하고, 음대나 전문학교로 진학해 스카우트되면 꿈을 이룰 수 있는 길이 열릴 거야.'라고 믿었습니다. 하지만 기적은 결코 일어나지 않았습니다. 그런 식으로 꿈을 이룬 사람도 많겠지만, 저는, 그렇지 않았어요.

사실 처음부터 작사가나 작곡가를 꿈꿨던 건 아니에요. 원래는 싱어송라이터를 하고 싶었죠. 그래서 중학교를 졸업하자마자 바로 음악 업계에 뛰어들었습니다. 그러나 업계의 반응은 차가웠죠. 저에게 관심을 보이는 음반 회사는 하나도 없었어요. 그 후 밴드의 보컬리스트로도 열심히 활동했지만, 이렇다 할 성과를 내지는 못했습니다.

그렇게 도전하고 좌절하고, 또다시 도전하고 좌절하는 나날이 반복되었습니다.

일이 안 풀릴 때면 가라앉는 기분과 허탈함을 털어내기 위해 이를 악물고 계속해서 마음을 다잡았습니다.

그러던 차에 아르바이트로 시작한 것이 작사와 작곡이었습니다. 2009년 아무로 나미에[+] 씨의 앨범에 제가 쓴 가사가 채택된 걸 계기로 업계에 조금씩 이름이 알려졌습니다. 하지만 저는 싱어송라이터였기 때문에 작사 일을 하면서도 계속 고민할 수밖에 없었답니다.

마침 그즈음 스웨덴에서 '송 캠프[++]' 제안이 들어와 모든 고민을 뒤로하고 여행길에 올랐습니다. 그곳에서 새벽까지 여러 뮤지션들과 어울려 곡을 만들고 음악을

[+] 일본에서 엄청난 인기를 자랑하는 가수. 뛰어난 실력으로 가수로서의 재능을 인정받은 건 물론이고, 젊은 여성들 사이에 그녀의 패션을 따라 하는 유행이 번져 '아무라 현상'이라는 신조어까지 등장했다. 홍콩, 대만, 한국 등 아시아 여러 지역에서도 높은 인기를 누리며 왕성한 활동을 펼치다 2018년 은퇴를 선언했다.

[++] '송라이팅 캠프Songwriting Camps'의 줄임말. 1990년대 북유럽을 중심으로 시작된 집단 창작 시스템을 뜻한다.

들으며 즐거운 나날을 보냈습니다. 그러다 불현듯 저는 싱어송라이터가 되고 싶은 게 아니라 음악을 만드는 작업 자체를 사랑할 뿐이라는 사실을 깨달았습니다. 벼락이라도 맞은 듯한 충격이었죠.

'음악으로 사람들에게 도움이 되고 싶어!'라는 꿈이 생긴 그날이 떠올랐습니다. 처음부터 특정 직업에 구애받을 필요가 없었던 거예요. 결국 저는 20대 후반이 되어서야 작사와 작곡 일에 본격적으로 뛰어들었습니다.

✦ 꿈을 가리키는 나침반의 바늘은
  항상 조금씩 움직입니다

일에 매진하다 보니 곡 쓰는 일 자체가 상당히 재미있었습니다. 제 곡을 듣고 많은 사람이 즐거워하는 모습에 보람도 느꼈습니다. 시간이 흘러 문득 고개를 들어 보니 지금껏 수많은 작품을 세상에 내놓았다는 사실을

깨달았습니다. 감히 상상도 못 했던 성과들을 얻었죠.

길을 조금 둘러 오긴 했지만, 저는 '음악으로 사람들을 돕고 싶다.'라는 꿈을 이뤘습니다.

남들이 '당연하게' 여기는 삶의 방식이 여러분에게도 정답이라고 할 수는 없습니다. 우리의 인생은 타인이 아닌 바로 자신을 위해 존재하니까요.

꿈도 마찬가지입니다. 나다운 방법으로 나답게 꿈을 이루면 됩니다.

저는 책을 쓰기에 앞서 예전의 저와 같은 고민을 하는 10대 친구들과 직접 대화하고 싶어서 여러 번 만남의 기회를 가졌습니다. 10대가 진짜 궁금해하고 실제로 고민하는 것을 책에 담고 싶었거든요. 저와 함께해 준 친구들에게 이 자리를 빌려 감사의 마음을 전합니다. 여러분 덕분에 이 책이 세상에 나올 수 있었습니다.

"꿈은 있지만, 다른 사람에게 말할 용기가 없어요.

의지가 부족한 걸까요?"

"좋아하는 일을 하고 싶지만, 그게 맞는 건지 불안해요."

"저는 제가 뭘 하고 싶은지 모르겠어요."

"꿈이 뭔지 모르겠어요. 그냥 초조하기만 해요."

여러분은 이외에도 다양한 고민들을 들려주었죠. 무엇보다 미래와 꿈에 대한 고민이 컸던 청소년들의 이야기를 들으며 저는 많은 생각을 했습니다. 정답이 없는 질문이기에 제가 답을 드릴 순 없지만, 최선을 다해 여러분이 꿈을 찾아 이루는 방법을 고민하여 책으로 엮었습니다.

물론 이 책을 읽는다고 해서 저절로 꿈이 찾아지거나 이루어지는 건 아닙니다. 그러나 이 책을 통해 각자의 꿈을 향해 걸어가는 방법, 꿈이 존재하는 삶의 즐거움이 전해지기를 바랍니다. 그리하여 여러분이 각자에

게 맞는 방법으로 자신만의 꿈을 향해 나아가게 된다면, 그보다 더 큰 기쁨은 없을 겁니다.

사실 저에게도 새로운 꿈이 생겼습니다. 또 다른 꿈을 향해 나아가는 중이자 도전하는 중이죠.

여러분과 저 모두가 각자의 방법으로 꿈을 위한 노력을 계속 하다 보면, 꿈을 이룬 미래의 어느 날, 서로 웃는 얼굴로 마주할 수 있지 않을까요?

그날을 위해 설레는 마음으로 응원합니다.

— 오카지마 카나타

| 목차 |

프롤로그 내 꿈이니까 나답게 이루면 되는 거야   — 5

1장

오직 '나'라는 존재만이 이룰 수 있는 꿈

- 다들 가는 길이 내게도 정답일까?   — 22
- 한번쯤 마음이 이끄는 대로 하면 어때서!   — 27
- 단점도 장점처럼 나의 특별한 개성   — 32
- 우리 모두는 충분히 '괜찮은 사람'   — 39
- 내 꿈이 뭔지 말하기가 왠지 어려울 땐……   — 44
- 꿈에 가까이 다가서게 하는 '세 개의 원' 법칙   — 48
- 진짜 내 걸 찾을 때까진 계속 문을 두드리자   — 54

2장

꿈의 수만큼 살아가는 방식이 존재해

- 안 되는 이유는 그만 찾고, 일단 해 보자 —— 60
- 나는 노래방에서 재능을 발견했다 —— 66
- 눈물로 얼룩졌던 열다섯 살 나의 이야기 —— 69
- 그 후 10년, 꿈을 향해 무조건 달려가다 —— 75
- 세상 모두가 나의 선생님! —— 80
- 설레는 경험을 많이 한 아이가 멋진 어른이 된다 —— 83

3장

실패하면 할수록 더 가까워지는 꿈

- 때론 가장 잘할 수 있는 일을 꿈으로 삼아도 좋아 —— 88
- 실패한 경험 마저 결국은 귀중한 자산! —— 94
- 간절한 마음이 얻어 낸 기회 —— 100
- 드디어 꿈을 이룬, 그날이 오다 —— 104
- 좋아하는 일을 직업으로 삼는다는 것 —— 108
- 나에게는 바로 '노력하는 재능'이 있지 —— 112
- 꿈이 없다면 지금을 열심히 살아 내자 —— 115

4장

너의 음악이 누군가를 구원할지도 몰라

- 절망 속 나를 일으킨 음악의 힘 — 120
- 내 음악에 한 줄기의 빛이 있는 이유는…… — 124
- 너무 힘들다는 건 그만큼 열정적이라는 증거 — 127
- 지금의 감정, 지금 만든 무언가는 미래의 내 재산 — 133
- 프로가 되고 싶다면 다양한 음악을 즐겨 봐 — 136
- 학교가 인생 선택지의 전부는 아니야 — 140
- 미움받을 용기가 나를 성장시킬 거야 — 144

5장

꿈으로 먹고사는 사람의 '리얼' 스토리

- 일하고픈 분야에 어떤 직업이 있는지 알고 있니? — 150
- 작사란 곡에 영혼을 불어넣는 일 — 156
- 하나의 곡 뒤에는 많은 사람의 꿈들이 있어 — 160
- 작사·작곡가의 하루, 그리고 골든타임 — 165
- 왜 겸손하고 친절한 사람이 더 성공할까? — 169
- '창작자의 체질'을 키우는 방법, 대공개! — 172

6장

너의 이야기는 네가 살아가는 한 존재해

- '부정역' 출발, '긍정역' 도착 — 176
- 기억해! 삶은 엄청난 행운이란 걸 — 179
- 10대의 나에게 들려주고 싶은 말 — 184
- 죽을 만큼 힘들 때, 꼭 기억해야 할 진실 — 188
- 우리 모두는 '지금 이 순간'이 늘 처음이야 — 192

에필로그 너의 꿈도 안녕하기를 응원할게 — 194

1장

오직 '나'라는 존재만이
이룰 수 있는 꿈

*Dreams that come true because
they are yours*

다들 가는 길이
내게도
정답일까?

"다들 그렇게 하니까."

이런 말을 들으면 어떤 기분이 드나요?

안도감? 아니면 어딘가 모르게 '다들 그렇게 하니까 나도 해야 하나?'라는 압박감이 들지도 모르겠네요.

전 예전부터 이런 말이 왠지 모르게 불편했습니다. 오히려 이런 말을 들으면 들을수록 타인과 똑같은 모습으로 살고 싶지 않았죠.

"다들 그렇게 한다 해도 나는 다르게 살고 싶어."

진로를 고민하던 시기에도 제 생각은 여전했습니다. 공부를 싫어하지 않았고 학교생활은 즐거웠지만, 의무 교육도 아닌데 왜 고등학교를 가야 하는지 이해할 수 없었죠.

그래도 모두가 당연하다는 듯이 걸어가는 길에서 혼자만 벗어나는 건 두려운 일이었습니다. 다른 길을 선택할 용기가 있는지를 스스로에게 물을 때마다 그 답은

항상 'No.'였거든요.

남들과 다른 삶을 사는 것도 두려웠고, 고등학교에 가지 않고 바로 음악 업계로 뛰어든다고 꿈을 남들보다 빠르게 이룬다는 보장도 없었습니다. 어쩌면 꿈에서 더 멀어질 수도 있었습니다.

그럼에도 고등학교에 꼭 가야 하는 이유를 찾지 못했기에 고민은 나날이 깊어졌습니다.

당시 제가 좋아하던 가수들은 10대 중반쯤에 데뷔한 경우가 많았습니다. 그래서 열다섯 살인 저는 출발이 너무 늦은 것 같아 조바심이 났지요. 어릴 적부터 음악을 가까이했던 것도 아니었기에 1초라도 빨리 음악에 집중하는 삶을 살고 싶었습니다.

'가수가 되는 데 화학이나 물리 지식이 필요할까? 하지만 바로 데뷔할 수 있을지 없을지도 모르는데, 미래에 대한 선택지마저 줄이는 건 위험하지 않을까…….'

잠자리에 누워 고민만 하다가 뜬눈으로 밤을 지새우는 날이 점점 늘었습니다. 그리고 결국 저는 수많은 고민 끝에 고등학교에 진학하지 않겠다고 결심했습니다.

당시 제 주변에서 고등학교에 가지 않는 사람은 단 한 명도 없었습니다. "100퍼센트였던 우리 학교의 고교 진학률이 네 덕분에 99퍼센트가 됐잖아."라며 선생님들께서 우스갯소리를 하실 정도였죠.

막상 남들과 다른 길을 걸어가겠다고 마음먹자, 갑자기 두려움이 몰려왔습니다. 무서웠습니다.

게다가 졸업 후 꿈을 향해 첫발을 떼자마자 작은 시련들이 연이어 찾아왔습니다. 태평하게 꿈만 좇을 수 있는 환경도 아니었기에 이후 몇 년 동안은 심리적으로나 경제적으로나 불안한 상황이 이어졌습니다. 그때를 돌이켜보면 마음 편했던 날이 하루도 없었던 것 같습니다. ☺

하지만 세상 모든 일이 동전처럼 양면이 있듯, 저는

꿈을 향해 한 발을 내디딘 덕분에 소중한 사람들을 만날 수 있었고, 새로운 세계를 볼 수 있었습니다. 길을 헤매고 둘러 갈 때도 많았지만, 결과적으로는 꿈에 한 발짝 가까이 다가설 수 있었죠.

만약 그때로 돌아가 다시 선택하라 해도 저는 같은 선택을 할 겁니다. 그만큼 옳은 답이었다고 자신 있게 말할 수 있습니다.

'모두가 가는 길이 나에게도 반드시 정답'이라고 할 수는 없습니다.

이렇게 단언하는 이유는 제가 바로 모두가 가는 길과는 다른 길을 선택해 꿈을 이룬 사람이기 때문입니다.

한번쯤
마음이 이끄는 대로
하면 어때서!

하고 싶은 일을 주변 사람들에게 털어놓기 위해서는 용기가 필요합니다.

저도 처음에는 주변의 시선과 부모님을 생각해 남들처럼 고등학교에 진학하겠다고 마음먹었습니다. 그래서 부모님께도 고등학교에 다니면서 학원에 등록해 음악 공부를 병행하고 싶다고 말씀드렸죠.

하지만 앞서 이야기한 것처럼 '음악 공부를 하겠다고 결정한 마당에 굳이 고등학교에 진학할 필요가 있을까?' 하는 의문이 머릿속에서 떠나지 않았습니다.

그러자 저의 속내를 눈치채신 아버지는 그럴 거면 차라리 고등학교를 가지 말라고, 시간과 비용을 낭비하지 말라고 진지하게 말씀하셨죠.

솔직히 예상치 못한 반응에 너무 놀라서, 막상 고민하던 문제임에도 바로 선택을 할 수 없었습니다. 부모님은 물론이고 주변에 중졸은 단 한 명도 없었거니와, 학교에도 적잖은 파장을 일으킬 게 분명했으니까요. 친구들에게도 어떻게 말해야 할지 고민이었습니다.

무엇보다 일이 제대로 풀리지 않는다면, 앞으로 제 인생은 어떻게 될지 막막했습니다. 기세 좋게 다른 길을 선택했다가 실패하기라도 하면 남들이 비웃을 거란 생각과, 바로 음악을 시작할 기회를 놓칠 수 없다는 생각의 갈림길에서 저는 매일 밤 괴로워했습니다.

그 괴로움을 토해 내듯이 곡을 만들고, 다음 날이 되면 또다시 고민에 빠지는 나날이 계속되었습니다. 이때 저에게 유일한 희망이 되어 준 것은 다름 아닌 음악이었습니다.

'괜찮아. 분명 괜찮을 거야.'

매일 밤 저는 자신을 다독였습니다. '어떻게든 음악으로 먹고살 수만 있으면 돼.'라는 마음으로, 겨우 찾은 살아갈 의미를 잃고 싶지 않다는 마음으로, 중학교 졸업 후 음악 공부에만 매진하기로 결심했죠.

　　물론 남들이 가는 길에서 혼자만 벗어나 다른 길을
선택하는 것은 분명 두려운 일입니다. 하지만 자기 자신
에게 거짓을 말하며 내면의 소리에 귀를 닫으면, 훨씬
더 무서운 결과를 맞이하게 될지 모릅니다.

　　마음을 속이면서 하고 싶은 일을 계속 외면하다 보
면 자신의 진짜 모습과 점점 멀어지게 됩니다.

　　하지만 착각해서는 안 됩니다. 스스로에게 솔직해
지라는 소리가 제멋대로 행동해도 된다는 뜻은 아니니
까요. 아무 생각 없이 하고 싶은 일만 무모하게 고집하
라는 뜻은 더욱 아니지요.

　　꿈을 위해 '모두가 당연하다고 여기는 길'에서 빠져
나오기란 분명 쉽지 않습니다. '다른 길'을 선택해야 하
는 꿈들은 남들이 쉽게 응원해 주지 않는 경우도 많죠.
하지만 자신에게 그 꿈이 정말 중요하다면 스스로를 한
번 믿어 보세요.

　　그게 어떤 것이든지 자신의 열정과 체력, 에너지를

전부 쏟아 보고 싶다는 생각이 든다면, 포기하지 말고 도전해 보세요.

끊임없이 마음을 들여다보며 자신을 속이지 말고 솔직하게 살아가세요.

인생은 단 한 번뿐입니다.

단 한 번뿐인 인생, 마음이 시키는 대로 사는 것도 멋지지 않을까요?

단점도
장점처럼
나의 특별한 개성

"개성을 소중하게 여겨야 합니다."

여러분이 자주 듣는 말이지요? 그런데 과연 개성이란 게 뭘까요?

자신만의 개성을 찾아야 한다는 말에 압박을 느끼며 힘들어하는 사람도 있을 거예요.

하지만 개성은 원래 누구나 가지고 있는 거랍니다. 억지로 찾으려 애쓰지 않아도 살다 보면 자연스럽게 드러나기 마련이지요.

그런데 재미있게도 때론 단점이나 결점이라고 여겼던 것이 누군가의 마음을 사로잡는 개성이 되기도 한답니다.

언젠가 저는 음악 업계에서 함께 일하는 남자 선배에게 "넌 여자라는 생각이 안 들어."라는 말을 들은 적이 있었어요. 당시에는 '그런가?' 하고 무심히 넘겼었는데, 시간이 지날수록 그 말에 신경이 쓰이기 시작했습니다. 생각할수록 약간 '쇼크'이기도 했죠.

선배의 말은 여성스러움이 아닌, 내가 친근한 동료라는 점을 강조한 것뿐이었는데 말이죠.

사실 저는 사람들이 일반적으로 생각하는 '여성스러운' 부분이 많진 않습니다. 어린 시절을 떠올려 봐도 소꿉놀이나 인형 놀이 같은 아기자기한 놀이보다는 밖에서 칼싸움이나 곤충 채집을 하면서 노는 게 훨씬 즐거웠으니까요. 또한 구두보다는 운동화를, 치마보다는 바지를 좋아했어요.

그러던 어느 날 주변 반응을 보며 문득 이런 의문이 들었습니다.

'난 여자답지 않은 걸까?'

다른 동성 친구들보다 터프한 면이 있다는 사실을 점점 깨닫게 되면서, 어느 순간 사람들에게 "여자답게 행동해!"라는 말을 들으면 화가 나기 시작했습니다. 참을 수 없이 불쾌해졌죠. 그리고 그 상황에서 도망치고 싶은 기분에 휩싸이곤 했습니다.

하지만 지금에 와서 돌이켜 보면, 그게 바로 저만의 독특한 차별점이 아니었나 싶습니다. 숨기고 싶던 단점들이 나만의 개성이 되어 남들과 다른 나를 만들어 준 거죠.

어릴 적 고민했던 '여자답지 않은 성격'도 일에는 도움이 되었답니다. 여성뿐만 아니라 남성의 관점에서도 자유롭게 가사를 쓸 수 있었거든요.

갑작스레 들은 선배의 말은 충격적이었지만, 덕분에 콤플렉스를 긍정적으로 인식하게 되었습니다. 단점이 사실 나만의 숨겨진 장점이자 개성이라는 사실을 깨닫게 된 거죠.

제 치명적인 결점이 멋진 개성이 된 다른 예를 하나 더 이야기해 볼까요?

전 타인이나 상황에 감정이입을 잘하는 편입니다. 그 대상이 뭐든 간에 말이죠. 누군가가 슬프거나 힘든 상황에 처한 걸 보면 마치 제 일처럼 괴로워집니다.

한번은 음반 제작 현장에서 부담감을 느끼는 가수의 마음에 지나치게 감정을 이입해서 밤늦게 집으로 돌아와 과호흡을 일으킨 적도 있습니다. ☺

이런 성격 탓에 영화나 드라마 역시 남들처럼 즐기면서 보기가 힘든 경우가 많죠. 화면 안의 세계에 지나치게 몰입해서 등장인물들이 느끼는 슬픔이나 공포에 압도당해 버리곤 하거든요. 언젠가는 극장에서 등장인물들의 감정에 휩쓸려서 온몸이 얼어붙고 말았습니다. 곤란하게도 영화가 끝나 엔딩 크레딧이 올라가는데 몸을 전혀 움직이지 못했답니다. ☺

감수성이 풍부하다고도 할 수 있겠지만, 작은 일에도 쉽게 동요하는 제 성격이 내심 못마땅했습니다.

하지만 지금에 와서 생각해 보면 그런 성격 덕분에

타인의 마음을 더 잘 헤아릴 수 있는지도 모르겠습니다. 사람의 다양한 감정을 잘 읽어 내서 작품으로 표현하는 일에 누구보다 큰 행복감을 느끼는 것도 이런 성격 덕이 아닐까 싶네요.

한때는 사소한 일에 감성적으로 반응하지 않는 심지가 굳고 단단한, 이성적인 사람이 되고 싶었습니다. 하지만 체구가 작은 제가 몸집이 커지기를 바란다고 해서 그 바람이 단숨에 이루어질 리 없듯, 쉽게 상처받고 사람들에게 늘 촉각을 곤두세우는 성격이 하루아침에 주변 환경에 휘둘리지 않는 강인한 성격으로 바뀔 수는 없겠죠. 그렇다면 자신의 성격을 있는 그대로 받아들이고, 차라리 장점을 찾아내 발전시켜 보는 게 좋지 않을까요?

저 또한 지금까지 겪었던 여러 경험을 통해 감추고 싶은 약점이 개성이 될 수 있다는 사실을 깨달았습니다.

그리고 그 개성 덕분에 좋아하는 일을 하게 된 것 같아 이제는 제 성격에 고마운 마음마저 듭니다. 장점만이 개성이 될 수 있는 것은 아닙니다. 지금 여러분의 성격 자체가 개성이랍니다.

이미 가지고 있는 개성을 어떻게 활용할 수 있을지 생각해 보세요.

그러면 오랫동안 단점이라고 여겼던 것이 장점으로 바뀌는 마법을 경험하게 될지도 모릅니다.

우리 모두는
충분히
'괜찮은 사람'

10대 시절 저는 헌혈을 자주 했습니다.

앞에서도 말했듯이 저는 스스로를 가치 없는 사람이라고 여겼습니다. 그런 제가 이 세상에 남아 계속 살아야 한다면, 최소한 헌혈이라도 해야 한다고 생각했죠. 사람들에게 더 큰 도움을 주고 싶었지만, 할 수 있는 일은 그런 것밖에 없었습니다.

전 어린 시절부터 자신을 부정해 왔습니다. 원래 남들보다 예민한 성격인 데다 어려운 10대를 지나면서 더더욱 안으로 움츠러들었죠. 타인을 대할 때도 해서는 안 될 말을 하진 않았는지 늘 걱정했고, 미움받을 행동을 했다는 생각에 괜히 눈치가 보였습니다. 나로 인해 사이좋은 친구들의 관계가 깨지고, 가족도 불행해지며, 누군가의 인생이, 그리고 세상이 한층 더 암울해질 거라 믿어 의심치 않았고, 나라는 존재는 남들한테 방해물밖에 안 된다고 여겼죠.

그런 생각에서 근본적으로 조금씩 벗어나기 시작한 건, 10대 시절 음악에서 삶의 의미를 찾겠다고 다짐한 뒤 몇 년의 시간이 흐른 후였습니다. 아마 20대 중반부터였던 것 같네요.

특별한 계기가 있었던 것은 아닙니다. 그저 주변 사람들의 고민을 듣고 진지하게 상담해 주고, 꾸준히 음악 작업을 했을 뿐입니다. 고민 상담을 해 주고 나면 고맙다는 인사를 받았고, 제가 참여한 곡이 발표되면 그 노래를 통해 희망을 얻었다는 이야기가 들려왔습니다. 무척 기뻤습니다. 내가 할 수 있는 일을 열심히 하고, 그 일을 통해 누군가 미소 짓는 모습을 보면서 스스로를 '이 세상에 있어도 괜찮은 사람'이라고 생각하기 시작했죠.

20대 때는 그런 생각에 반신반의하는 상태였다면, 30대에 들어서서는 조금씩 확신이 더해졌습니다.

저는 늘 타인에게 사랑받는 동시에 누군가에게 도움을 주는 존재가 되고 싶었습니다. 누군가에게 의미 있

는 존재가, 필요한 존재가 되고 싶었던 거죠. 그런 마음이 눈앞의 사람이 행복해지면 좋겠다는 마음으로 바뀌었습니다. 일상에서도, 작업을 할 때도 제가 행복해지고 싶은 만큼 상대의 행복을 빌었습니다. 신기하게도 그러다 보니 점점 스스로가 '이 세상에 존재할 가치가 있는 사람'처럼 느껴졌습니다.

사람들이 말하듯, 자신을 긍정하는 사람, 자존감이 높은 사람이 되고 싶다고 바로 그렇게 바뀔 순 없습니다. 하지만 한발 물러서서 자기 긍정이 어려운 자신을 긍정하는 것은 가능하지 않을까요?

물론 지금도 자신감 넘치는 사람이 부럽지만, 자신감이 부족한 제 성격도 괜찮다고 생각합니다. 늘 겸허하고 배우는 마음가짐을 유지하는 데 도움이 되거든요. 덕분에 끊임없이 능력을 계발하고, 자기 발전을 이룰 수 있었습니다.

여러 사람과 만나고 다양한 경험을 쌓다 보면 스스로에 대한 감정을 어떻게 조절해야 하는지 깨달을 수 있습니다. 제가 그랬듯이요. 자꾸만 자신을 부정적으로 생각하게 돼서 고민이라면, 전혀 걱정할 필요 없어요. 자신에게 집중하는 사람은, 본인과 어떻게 관계를 맺으며 살아가야 할지 서서히 알게 되니까요. 지금은 그저 스스로를 따뜻하게 안아 주세요. 그런 면도 현재의 '나'를 이루고 있는 일부라는 걸 인정해 주세요.

스스로에게 '괜찮아.'라고 말해 주세요.

내 꿈이 뭔지
말하기가
왠지 어려울땐……

🎧 10대의 질문

"나중에 음악과 관련된 직업을 갖고 싶습니다. 하지만 꿈에 대해 주변 사람들에게 말할 자신이 없어서 고민을 털어놓지 못하겠어요. 어떻게 하면 좋을까요?"

어떤 기분인지 너무도 잘 알 것 같아요. 제가 그랬으니까요. 전 음악 공부를 하고 있던 것도 아니었으니 음악 쪽으로 진로를 정하고 싶다는 말을 꺼내기조차 부끄러웠습니다. 그래서 부모님은 물론 친구들에게도 선뜻 말하지 못했죠.

하지만 다른 사람에게 말할 용기가 없다고 해서 의지가 부족한 건 아니에요. 그러니 억지로 말하려고 애쓸 필요가 없습니다.

남들과 다른 길을 걷겠다고 결심했을 때, 그 결심을 주변 사람들에게 밝히는 건 누구에게나 어려운 일이에요. 말하기 쉽다면 오히려 그게 더 이상하지 않을까요?

정말 말할 자신이 생기면, 혹은 말해야 할 상황이 찾아
오면 그때 이야기해도 늦지 않습니다.

중학생 때 저는 학교 행사에서 노래를 부르게 된 적
이 있었습니다. 그런데 너무 부끄러워서 당일까지 아무
에게도 말하지 않았죠. 늘 함께 노래방에 다니던 친한
친구들에게조차 말하지 못했어요. 결국 친구들에겐 무
대에 오르기 직전에 말할 수 있었는데, 다들 왜 더 일찍
말해 주지 않았냐며 크게 화를 내며 서운해했답니다. 그
러곤 한동안 사이가 서먹했었죠. 당시 무척 괴로웠던 기
억이 납니다. 물론 지금은 다 소중한 추억이 되었지만요.

아마 더 일찍 말했다면 좋았겠죠. 그랬다면 친구들
은 잔뜩 긴장한 저를 힘껏 응원해 줬을 겁니다.

돌이켜 보면, 섣부른 짐작으로 주변 반응을 걱정하
고 부끄러워하는 사람은 언제나 제 자신이었던 것 같
아요.

그러니 만약 말할 용기가 조금이라도 생겼다면, 망설이지 말고 가까운 이에게 말을 꺼내 보면 어떨까요? 걱정과 달리, 꿈을 응원하며 의외로 유익한 조언을 해 줄지도 모르니까요.

꿈에 가까이
다가서게 하는
'세 개의 원' 법칙

"꿈은 어떻게 이룰 수 있을까요?"

어려운 질문이지만, 제 나름대로 찾아낸 답을 알려 주고자 합니다.

열다섯 살의 저는 작사가나 작곡가가 아니라 싱어 송라이터가 되고 싶었습니다. 어릴 적부터 노래 부르는 것을 좋아했거든요. 그런데 무대에 올라 노래를 부르는 것보다 만드는 것을 더 좋아한다는 사실을 20대 중반에 깨닫고, 본격적으로 작사·작곡가의 길을 걷기 시작했죠.

다행히 그쪽에 더 재능을 보였고, 그러다 보니 작사 가나 작곡가로서 저를 필요로 하는 사람이 점점 늘었습 니다. 다시 말해 '수요'가 생긴 거죠.

이후 제가 작사하거나 작곡한 곡들이 연달아 좋은 성과들을 보이자, '좋아하는 일'과 '잘하는 일', 그리고 '수요가 있는 일', 이 세 가지가 겹치는 분야에서 직업을

찾는다면 행복해질 수 있겠다는 확신이 들었습니다.

좋아하기는 하지만 잘하지 못하면 좋은 결과를 얻기 어렵고, 잘하지만 좋아하지 않으면 그 일을 계속하기 힘듭니다. 어느 쪽이든 수요가 없다면 직업으로서 성립 자체가 안 되지요.

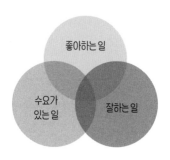

위의 그림에서 세 개의 원이 겹치는 부분, 즉 '교집합'을 중심으로 삶을 설계해 나가면, 꿈꾸던 일을 하며 즐겁게 살아갈 수 있습니다. 성과를 내기도 쉽고 그를 통해 더 많은 사람에게 도움을 줄 수도 있습니다. 하지만 그 전에 무엇보다 자신이 좋아하는 일이 무엇인지,

또 잘하는 것이 무엇인지 알아야 합니다. 그러려면 먼저 자기 내면을 진지하게 들여다보며 관찰해야 하죠. 그리고 그 두 가지가 겹치는 부분을 찾아 매진하다 보면 결국 그림에서처럼 세 개의 원이 겹치는 부분을 찾게 될 거예요.

시간이 걸리더라도 세 개의 원이 겹치는 교집합을 꼭 찾아보세요. 꿈을 이루는 열쇠를 발견할 수 있을지도 모릅니다.

'숨 쉬듯이 자연스럽게 할 수 있는' 일을 찾는다면 두려울 게 없겠지요. 저에게는 그 일이 바로 작사와 작곡이었던 셈입니다.

가령 SNS에 일상 글을 하나 올리는 게 쉬울까요, 아니면 곡을 하나 쓰는 게 쉬울까요? 이 당연한 질문을 왜 하냐며 이해할 수 없다는 표정을 짓는 사람도 있겠지만, 이따금 저는 곡을 쓰는 일이 더 쉽게 느껴집니다. 그 정

도로 재밌으니 스트레스도 별로 받지 않으며, 평생 해도
질리지 않으리라는 확신이 있습니다.

그런 일을 찾기 위해서는 최대한 다양한 경험을 해
보는 게 좋습니다.

주변 사람들에게 자신이 어떤 것을 잘하고, 어떤 일
을 할 때 행복해 보이는지 물어보는 것도 좋은 방법이죠.

"넌 노래는 별로지만, 가사는 잘 쓰는 것 같구나."

제가 음악 공부를 할 때 아버지께서 자주 하신 말씀
입니다. 싱어송라이터를 꿈꾸던 저에게는 달갑지 않은
말이었지만, 결과적으로 아버지께선 저의 재능을 정확
하게 꿰뚫어 보셨던 거죠.

세 개의 원이 겹치는 일이 무엇인지는 가만히 있다
가 저절로 알게 되는 것이 아닙니다. 다양한 일에 도전

해 보고, 많은 사람을 만나며, 조언을 듣는 과정을 통해서야 비로소 찾을 수 있습니다.

일단 몸을 움직이세요. 가만히 있으면 아무것도 알아내지 못합니다. 아무 일도 일어나지 않습니다. 여러분에게 깨달음을 줄 사람을 만날 기회도 생기지 않죠.

지금 당장 몸을 움직여 다양한 풍경을 보면서 얻은 깨달음을 발판으로, 다시 한번 새로운 곳을 향해 움직이세요. 낯선 장소와 사람을 두려워하지 마세요. 꿈에 열린 마음으로 나아가세요. 꿈을 이루고 싶다면 반드시 기억하기 바랍니다.

진짜 내 걸
찾을 때까진
계속 문을 두드리자

그럼 구체적으로 어떻게 해야 그 '교집합'을 찾을 수 있을까요?

세 개의 원이 겹치는 일이 무엇인지 알아내는 방법 중 하나는 '좋아하는 일' 안에서 '잘하는 일'을 찾아보는 겁니다.

예를 들어 저는 음악과 관련된 모든 것을 좋아했는데, 음악을 만드는 일, 노래를 부르는 일은 물론이고, 그저 가만히 앉아 음악을 듣는 것까지 다 좋아했습니다. 그럼 음악이라는 큰 틀 안에서 떠올릴 수 있는 직업을 생각해 볼까요? 피아노 선생님, 음반 회사 디렉터, 라디오 DJ, 녹음 스튜디오 엔지니어, 음반 회사 직원 등등 다양한 직업이 있을 수 있겠네요. (여기에 대해서는 나중에 자세히 소개하겠습니다!)

제가 음악을 좋아한다는 건 그만큼 음악에 관심이 있다는 의미니까, 음악 업계 안의 그 수많은 직업 중 한 분야에는 재능이 있지 않을까요?

그러고 나서 '좋아하는 일'의 범위 안에서 본인이 잘한다고 자신하는 일, 매일 할 수 있겠다는 생각이 드는 일이 무엇인지 찾아보세요.

물론 반대로 '잘하는 일' 중에 '좋아하는 일'을 찾을 수도 있겠지요.

음악 업계에 막 발을 내디뎠을 때의 저는 시야가 무척 좁았습니다. 싱어송라이터가 되겠다는 생각밖에 없었죠. 하지만 그 방면으로는 원하는 성과를 좀처럼 얻지 못했어요. 그 덕분이라고 해도 될지는 모르겠지만, 여하튼 음악과 관련된 다양한 경험을 쌓을 수 있었습니다.

음악 업계에서 자리 잡기 전엔 음반 매장에서 아르바이트를 했는데, 카운터 계산원부터 시작해 음반 매장 상품 구매 담당에 이르기까지 여러 일을 맡아서 했습니다. 그러면서 실제로 어떤 곡이 잘 팔리는지, 어떤 기준으로 음반 입고량이 결정되는지를 판매 현장에서 직접 보고 배웠답니다. (귀한 경험이었죠!)

또 작사와 작곡 관련 일을 하면서는 음악 제작 디렉터, 보컬 레코딩을 감독하는 보컬 디렉터, 라디오 진행자, 백 코러스 등도 경험해 봤습니다.

그중에서 작사와 작곡, 보컬 디렉션은 끊이지 않고 계속 일이 들어왔습니다. 그래서 '혹시 이쪽에 재능이 있는 게 아닐까?'라고 생각하게 되었죠.

꿈을 구체적으로 그리기까지의 과정들을 돌이켜 보면, 스스로 나아갈 길을 정확히 선택했다기보단 다양한 경험을 통해 자연스레 정착했다고 보는 편이 맞겠네요. '수요'가 없는 일은 저절로 그만두고, '수요'가 끊이지 않던 작사와 작곡 일에만 집중하게 되었으니까요. 그렇게 전 작사·작곡가로 살게 되었습니다.

여러 개의 문을 두드리다 보면, 언젠가는 자신에게 딱 맞는 문을 찾을 수 있습니다. 중요한 건 두드리기를 포기하지 않는 자세입니다.

　　그러니 자신에게 맞는 문을 찾을 때까지 멈추지 마세요. 그리고 마침내 그 문을 찾으면, 용기를 갖고 문 너머의 세계로 당당히 나아가기 바랍니다.

2장

꿈의 수만큼
살아가는 방식이 존재해

*The number of dreams you have is the
number of ways you can live*

안 되는 이유는
그만 찾고,
일단 해 보자

작사가나 작곡가는 어릴 때부터 음악에 두각을 나타내거나 대학에서 음악을 전공한 사람들만 선택할 수 있는 직업이라고 생각하나요? 그러나 저는 그 어디에도 해당하지 않았습니다.

어린 시절 피아노를 잠깐 배운 적은 있지만, 선생님과 맞지 않아 금방 그만뒀습니다. 가족 중에 특별히 음악을 전공한 사람도 없었고, 학교에서 음악 수업을 받을 때도 저는 음악적 재능을 보이는 학생이 아니었어요. 특히나 리코더나 멜로디언에는 흥미가 없어 '왜 다들 똑같이 모여서 똑같이 연주하나……' 생각하며 교실 뒤쪽에 멍하니 앉아만 있었던 적이 많았죠. ☺

그러다가 음악의 즐거움을 알게 된 건 초등학교 5학년 때였습니다. 음악을 가르치셨던 담임 선생님은 조회 시간에 당시 유행하던 대중가요를 모두 함께 부르게 하셨어요. 그 시간이 얼마나 즐거웠는지 태어나 처음으로 부모님을 졸라 CD플레이어를 샀습니다. 이때부터 음악

과 함께하는 시간이 늘어나면서 자연스럽게 좋아하는 가수나 그룹의 음반을 찾아서 듣게 되고 음악 방송을 시청하는 재미도 느끼게 되었어요.

음악에 진심이었던 담임 선생님은 반 아이들 모두에게 각자의 오리지널 곡을 만들어 주셨습니다. 그때 저는 음악도 요리사의 취향을 담은 요리처럼 각자의 개성에 맞게 자유롭게 '만들 수 있다'는 사실을 깨달았습니다. 이것이 제가 곡을 쓰는 일에 눈뜨게 된 계기 중 하나였습니다.

처음으로 곡을 만들어 본 건 중학생 때였습니다. 그 무렵 저는 순간적으로 떠오르는 생각이나 느낌들을 이면지에 써서 모으고 있었어요. 그러던 어느 날 당시 가장 좋아했던 그룹 '미스터 칠드런✦' 곡을 보컬인 사쿠라이 가

✦ 일본의 '국민 밴드'로 평가받는 유명 록 밴드. 보컬과 기타를 맡고 있는 사쿠라이 가즈토시가 수록곡 대부분을 작사·작곡하는 것으로 알려져 있다. 데뷔 30년이 지난 지금도 왕성한 활동을 펼치고 있다.

즈토시 씨가 직접 곡을 썼다는 기사를 접했습니다.

'가수가 직접 곡을 쓸 수도 있구나!'

노래를 부르는 일과 곡을 쓰는 일은 별개라고 생각했던 저에게 이 일은 큰 용기를 주었습니다. 그 영향으로 여기저기 끄적였던 가사에 콧노래를 흥얼거리며 시험 삼아 멜로디를 붙이기 시작했습니다. 마땅한 악기도 없이 무언가에 홀린 듯 말이죠. ☺

처음으로 만든 곡은 1절뿐인 데다가 굉장히 서투르고 어설펐죠. 하지만 너무 재미있어서 곡을 더 써 보고 싶다는 생각을 멈출 수가 없었습니다. 결국 도서관에서 가장 쉬워 보이는 작곡 책『손가락 세 개만으로 바로 피아노를 칠 수 있다 ─ 모두가 아는 30곡』(미즈노 유헤이·오쿠야마 도시유키 저, 세이슌출판)을 찾아 빌렸습니다.

이 책을 알게 되어서 정말 다행이었습니다. 정말 손

가락 세 개만으로도 코드(화음)를 칠 수 있었거든요! 그리고 명곡의 코드에 맞춰서 멜로디를 붙이면, 저 같은 초보자도 곡을 만들 수 있다는 사실을 알게 되었습니다.

이렇게 독학으로 익힌 작곡 실력으로 만든, 제법 그럴듯하게 완성된 두 개의 곡을 카세트테이프에 녹음해 친구에게 선물했습니다. 한 곡은 사랑에 관한 노래였고, 다른 한 곡은 고등학교 수험을 앞두고 긴장한 친구를 응원하는 노래였죠. 그때 우리의 큰 관심사는 사랑과 입시였거든요. 그러면서 "돈 내고 들을 만한 수준인 것 같으면 돈 꼭 내라!"라고 큰소리까지 쳤어요. ☺

"음악을 제대로 배운 사람이 아니면, 음악으로는 먹고살 수 없어."

"악기를 배운 적도 없는데 뮤지션을 꿈꾸다니 말도 안 돼."

혹시 이런 생각 때문에 시작도 하기 전에 꿈을 포기

하려 하나요? 이런 건 고정관념일 뿐입니다.

여러분 중에는 지금의 제 모습을 보고 어릴 때부터 악기를 배우고 연주에 익숙해진 뒤에야 작곡을 시작했을 거라고 짐작한 사람도 있겠지요. 그러나 저의 시작은 평소 끄적이던 글들에 콧노래로 멜로디를 붙여 보는 거였습니다. 요즘도 대부분의 곡은 컴퓨터로 작업하고 있습니다. 그러니 단순히 숙련된 기술이나 조건, 자격이 부족하다는 이유로 시작하는 것조차 포기하지 마세요.

꿈을 향해 노력하는 데 필요한 자격이나 조건은 없습니다. 자신만의 편견으로 자격을 설정해 놓고 실현 가능성이 낮다고 지레짐작하는 건 어리석은 행동이 아닐까요?

평생 뛰어들고 싶은 분야를 만났다면 자격 조건에 너무 얽매이지 말고 일단 자신이 할 수 있는 작은 것부터라도 도전해 보길 바랍니다.

나는 노래방에서
재능을 발견했다

여러분은 꿈을 찾았나요? 아직 없다면 주위를 둘러보세요. 어쩌면 생각보다 가까운 곳에 있을지 모릅니다.

저는 중학교 시절 평범한 일상에서 우연히 꿈을 찾았습니다. 기말시험이 끝난 어느 날 친구들과 함께 스트레스를 풀 겸 노래방에 가게 되었습니다. 좋아하는 곡을 마음껏 예약하고 한 사람씩 돌아가며 노래를 불렀죠. 제 차례가 되어 노래를 불렀는데 친구들이 생각지도 못한 말을 꺼냈습니다.

"우와, 카나타, 너 노래 잘하는구나!"

이런 친구들의 반응에 깜짝 놀랐습니다. 기분이 들떠 또 다른 곡들을 선곡해 친구들에게 불러 줬습니다. 정신없이 빠져들어 부르고 나니 순식간에 세 시간도 넘게 지나 있었지요. 바로 이날 '내 노래로 사람들을 기쁘고 행복하게 만들고 싶어.'라는 마음이 제 안에서 꿈틀

대기 시작한 것 같아요.

이후 저는 인기 차트에 올라간 곡은 전부 외워 부를 수 있을 정도로 가요에 심취했습니다. 가요뿐만 아니라 다양한 명곡들로 레퍼토리를 늘리기 위해 음악 방송이나 라디오를 가리지 않고 들었죠.

실연, 진로 선택 등 각자의 고민을 가진 친구들이 제 노래에 귀를 기울여 줬고 심지어 눈물을 흘리는 친구도 있었어요. 언제부턴가 노래방에 가면 마지막 곡은 제가 부르는 분위기가 만들어졌습니다. 저 역시 일종의 사명감(?)이 생겨 더욱더 진심을 다해 불렀지요.

한때 저 같은 사람은 이 세상에 필요 없을지도 모른다고 생각했습니다. 그런데 제 노래로 사람들이 위로받고 즐거워하는 모습을 보니 기쁘고 좋았습니다. 무언가 존중받는 느낌이 들었죠. 제가 존재해도 되는 이유를 찾은 것 같았습니다. 제 삶의 이유는 음악이라고 믿게 된, 꿈을 향해 살아가는 인생이 시작되는 순간이었습니다.

눈물로 얼룩졌던
열다섯 살
나의 이야기

'음악으로 누군가에게 도움을 주고 싶어.'

드디어 꿈을 갖게 된 저는 큰 결심을 하고 중학교 졸업 후 전문 뮤직 스쿨[*]에 들어갔습니다. 하지만 신문 광고에서 발견한 그곳은 제가 기대했던 것과는 많이 달랐습니다.

일단 제 또래의 친구가 한 명도 없었어요! 학생들은 모두 20대 성인뿐이었습니다. 또한 일반적인 고등학교보다 수업이 적었기에 자율 연습과 아르바이트를 하면서 비는 시간을 보냈어요. 또래가 아닌 성인들과 좀 더 전문적인 음악 수업을 받는 환경에 자극도 많이 받았지만, 입학하자마자 '내가 잘못 판단한 건 아닐까?' 하는 불안감을 떨칠 수 없었습니다.

반면 중학교 때 친구들은 고등학교 생활을 즐기고

[*] 한국인에게 익숙한 스타일의 학원이 아니라, 입학과 졸업, 학과 같은 개념이 있는 일종의 '전문학교'에 가까운 교육 기관이다.

있었습니다. 그런 친구들을 보며 '나는 왜 이렇게 섣부르게 일을 저질렀을까……' 후회했습니다.

거리에서 스쳐 지나가는 고등학생들은 반짝반짝 빛나 보였어요. 최고의 싱어송라이터가 되겠다는 포부를 안고 새로운 환경에 뛰어들었지만 제대로 하는 게 아무것도 없는 것 같아 초조했습니다. 앞으로의 인생이 어떻게 될지 불안했고, 그런 걱정을 나눌 수 있는 친구가 없어 외로웠습니다. 여러 감정이 뒤섞여 혼란스러운 나머지 매일같이 피아노 위에 엎드려 눈물을 흘렸습니다.

뮤직 스쿨에 가기 전만 해도 노래를 잘 부른다는 소리를 곧잘 들었기에 본격적으로 음악 공부를 하면 금방 좋은 결과가 있을 것이라고 믿었습니다. 늦어도 열일곱 살쯤 되면 부도칸*에 설 수 있지 않을까, 내심 기대했습

✦ 일본 도쿄에 위치한 대형 경기장. 원래는 1964년 도쿄올림픽 유도 경기장으로 사용하기 위해 건설되었으나 클래식 콘서트, 유명 뮤지션들의 공연을 여는

니다. 하지만 제대로 음악 공부를 시작해 보니 노래를 잘 부르는 사람은 수도 없이 많았습니다. 결국 저의 바람은 실현될 기미조차 보이지 않은 채로 뮤직 스쿨을 졸업하게 되었죠.

졸업 후 밴드 활동을 하며 실력을 키우고 싶은 마음에 나이 차가 꽤 나는 멤버들과 밴드를 결성해 보컬로 활동하기 시작했습니다. 줄곧 관심을 두고 있던 소울 뮤직†을 중심으로 활동하는 밴드였습니다. 열정을 쏟아부어 큰 무대에 선 적도 있었지만, 결국 저의 실력 부족으로 밴드는 공중분해되고 말았죠. 정신을 차려 보니 어느덧 스무 살이었습니다.

공연장으로 더 유명해졌다. 최대 수용 인원이 약 1만 4,500명에 달하는 규모로, 많은 뮤지션이 서고 싶어 하는 꿈의 공연장으로 자주 언급된다.

† 1950년대 흑인 인권 운동의 영향으로 등장한 미국 흑인 음악의 한 장르. 1960~1970년대 상당한 인기를 얻었으나 그 후 점차 쇠퇴했다.

중학교를 졸업할 무렵 선생님께서 이런 말씀을 해 주셨습니다.

"정 안 되겠으면, 한두 해 늦어도 되니까 그때 고등학교에 가면 돼."

하지만 이미 5년 동안이나 남들과 다른 길을 걸어온 상태에서 스무 살에 고등학교 1학년생이 되는 건 쉽지 않은 일이었죠.

'이제 와서 돌아갈 수는 없어. 좋든 싫든 이 업계에서 살아가야 해.'라는 마음으로 각오를 다졌습니다.

당시에는 돈도 부족해 생활이 상당히 궁핍했습니다. 손에 들어온 아르바이트비는 순식간에 음악 활동비로 사라졌고, 중화요리점 환풍구에서 나오는 냄새를 반찬 삼아 소금만 넣은 주먹밥을 먹는 날도 있었죠.

처음에는 '무슨 일이든 하면 생활비는 벌 수 있겠지.'라고 여겼지만, 안일한 생각이었습니다. 아르바이트

와 음악 활동을 병행하려니 몸이 열 개라도 모자랄 지경이었습니다. 한번 발을 내디뎠으니 어떻게든 해내야 한다는 생각에 정신적으로도 많이 힘들었습니다.

어떤 일이든 어중간한 마음으로 해서는 원하는 결실을 맺기 어려운 법이지요.

깊은 고뇌와 갈등 때문에 힘들어질 때면 하염없이 울고, 가사를 쓰고, 곡을 만들고, 노래를 불렀어요. 그런 식으로 나약한 자신을 도닥였던 거죠.

아무리 생각해도 제겐 음악밖에 없었습니다. 힘든 와중에도 꿈을 이루겠다는 의지는 점점 강해졌습니다.

그 후 10년,
꿈을 향해
무조건 달려가다

본격적으로 음악 공부를 시작한 열다섯 살 이후 '음악만 해도 먹고살 수 있겠다!'라는 확신이 들기까지 10년이 걸렸습니다.

밴드 활동이 잘 안 되고 나서부터는 다시 싱어송라이터로 길을 틀었습니다. 요요기 공원*에서 버스킹 공연을 하며 하루하루를 보냈죠.

그와 동시에 열여덟 살부터 스물세 살까지 6년 동안, 시부야에 있는 음반 매장에서 아르바이트를 했습니다. 정말 인생 최대로 갈등하던 시기였죠. 아르바이트와 버스킹 공연으로 몸은 고단한데, 노력한 만큼 일이 잘 풀리지 않아 정신적으로 궁지에 몰렸거든요. 다들 제자리를 찾아가는 것 같은데 저만 정체된 느낌이었달까요.

그리고 스무 살 무렵부터는 뮤직 스쿨에서 알게 된

✦ 도쿄 시부야에 위치한 대형 공원. 산책을 하거나 공원 곳곳에서 열리는 길거리 공연과 벼룩시장을 즐길 수 있다.

선배의 부탁으로 '가이드곡'을 부르는 일을 시작했습니다. 작곡가가 만든 곡을 음반 회사 등에 보낼 때, 멜로디를 전하기 쉽도록 음원에 가이드곡을 넣습니다. 그리고 이 단계에서는 아직 정식 가사가 없어 멜로디에 임시 가사를 붙여 부릅니다. 그 임시 가사를 붙이는 작업을 함께 부탁받은 적도 여러 번 있었습니다.

초기 개런티는 한 곡당 2천 엔[+] 정도였습니다. 가사를 쓰고, 한 시간 동안 지하철을 타고 스튜디오에 나가 노래를 불렀습니다. 사실 받은 개런티에서 왕복 교통비를 빼면 남는 것이 거의 없었죠. 하지만 음악으로 돈을 버는 일 자체가 너무 좋았고, 겨우 손에 쥔 기회를 놓치고 싶지 않아서 어떤 일이든 수락했습니다.

그러는 동안 제가 쓴 임시 가사가 조금씩 호평을 받아 정식 가사로 채택되기도 했고, 백 보컬[++]을 해 보라는

✦ 한화로 약 1만 8천 원.

✦✦ '백그라운드 보컬Background Vocal'의 줄임말. '코러스'라고도 한다.

제안을 받기도 했습니다.

음악 업계에서 저의 이름과 얼굴이 서서히 알려지기 시작했고, 음원 컴피티션[*]에 참가해 보라는 권유를 받았습니다.

가수가 부르는 곡의 상당수는 음반 회사가 여러 명의 작사가 또는 작곡가에게서 모집한 작품 중에서 선정한 곡입니다. 그 노래를 선정하는 과정을 컴피티션이라고 하죠.

하지만 채택되기가 쉽지는 않습니다. 그래도 권유를 받은 것만으로도 기뻐서 컴피티션 참가 제안을 받으면 무조건 응했습니다.

당시 컴피티션 의뢰가 많을 때는 연간 500곡 정도의 가사를 썼습니다.

✦ competition. 작사·작곡가들의 오디션이라고 할 수 있으며, 일본 음악 업계에서는 줄여서 '컴피'라고도 부른다.

아침부터 저녁까지 음반 매장에서 아르바이트를 한 뒤 녹음 스튜디오에 가서 가이드곡 작업을 했습니다. 새벽이 다 되어 집에 돌아가면 에너지 드링크를 벌컥벌컥 마시며 컴피티션에 제출할 가사를 쓰고, 아침이 되면 다시 아르바이트를 하러 나갔습니다. 주말에는 거리에서 라이브 공연을 했지요. 그런 생활을 3년 동안 계속했습니다.

수백 개의 곡과 가사를 썼지만, 컴피티션에서 채택되는 것은 한 곡이 될까 말까 했습니다.

하지만 그 이상으로 누군가 저를 필요로 한다는 사실이 기뻤습니다. 기대에 부응하고 싶었기에 일에 더욱더 열중했죠. 꿈을 향해 나아가는 발걸음을 잠시도 멈추지 않았던 나날이었습니다.

세상 모두가
나의 선생님!

가이드곡 작업, 작사 등 원래 목표와 다른 일을 계속하는 상황에서도 억지로 하고 있다고 생각한 적은 한 번도 없었습니다. 대부분은 '이것도 공부다!'라는 마음으로 긍정적으로 받아들였죠. 그리고 이 말은 저의 모토가 되었습니다.

이른바 정규 교육이라 불리는 학교 수업을 저는 열다섯 살까지밖에 받지 못했습니다. 그만큼 저 자신이 부족하다고 여겼으며, 그 생각은 지금도 변함없습니다. 그래서 누구에게서든 어떤 일을 통해서든 뭔가 배우는 것을 좋아합니다.

예를 들어 사람을 만나 나누는 대화 한마디 한마디가 저에게는 공부입니다. 그래서 누군가 부르면 흔쾌히 만나러 나가고, 작업 의뢰도 기쁜 마음으로 받았습니다.

녹음 작업을 할 때 역시, 제 역할이 끝난 뒤에도 스튜디오에 남아 실력 있는 뮤지션들이 들려주는 재미있

는 에피소드를 귀담아 들으며 음악 업계에서 살아남는 노하우를 조금씩 배웠습니다.

여러분 또한 가르침을 줄 선생님을 언제, 어디에서 만날지 모릅니다. 인생의 스승이 되어 줄 사람은 학교 선생님이나 부모님 등 가까이 있는 사람만이 아니니까요.

학교생활을 하면서든 학교 밖에서 무언가를 배우면서든 다양한 사람과 마주할 기회를 많이 만드세요. 언젠가 분명 여러분에게 큰 깨달음을 주는 사람과도 만날 수 있을 겁니다. 그렇게 다양한 의견과 가치관을 접하고 자신의 것으로 적절히 흡수하면 귀중한 경험이 차곡차곡 쌓일 거예요.

설레는 경험을
많이 한 아이가
멋진 어른이 된다

🎧 10대의 질문

"학생 때 반드시 해 보면 좋겠다고 추천하는 일 혹은 해 보고 싶었던 일이 있으신가요?"

마음껏 노는 것! 그리고 다양한 세상을 경험해 보는 것입니다.

10대 시절 저는 꿈을 좇는 일에만 필사적으로 매달리느라 친구들과 놀거나 이곳저곳 여행 다니는 것을 중요하게 여기지 않았습니다. 만일 학생 때 더 열심히 놀았다면 그로 인해 보다 넓은 세상을 만나게 됐을지도 모르겠네요.

오직 자신의 꿈만 바라보며 쉬지 않고 노력하는 것도 좋습니다. 하지만 그와 동시에 달콤 쌉싸래한 연애도 해 보고 마음이 끌리는 대로 여기저기 다녀 보는 것도 추천합니다.

여행을 떠나 보세요. 사람들과 만나 이야기를 나눠

보세요. 존경하는 사람을 만나 그 사람의 이야기를 들을 기회가 있다면, 조금 먼 길이라도 찾아가세요. 보고 싶은 라이브 공연을, 화면을 통해서가 아니라 내 눈으로 직접 볼 수 있는 기회가 생긴다면 보러 가세요.

꿈을 위해 노력하면서도 '가슴 설레는 경험'을 많이 쌓으면 좋겠습니다. 그래야 여러분만의 고유한 개성과 세계관을 만들어 나갈 수 있습니다.

가슴을 두근거리게 하는 감동적인 경험, 짜릿한 경험을 얼마나 쌓았느냐에 따라 그 후의 인생이 달라집니다.

특히 크리에이터를 꿈꾸는 사람이라면, 그 경험이 모두 창작 활동에 큰 도움이 될 겁니다.

과거의 제 삶에는 '사생활'이라는 단어가 존재하지 않았습니다. 죽더라도 녹음 스튜디오에서 죽겠다는 각오로 일에 몰두했습니다. 하지만 결혼과 출산을 거치며 생활 방식과 심경에 큰 변화가 생겼습니다.

요즘은 매주 일요일을 '패밀리 데이'로 정해 놨습니다. 일요일만이라도 일을 잠시 내려놓고 최대한 가족과 시간을 보내려고 애씁니다. 물론 일하는 날에도 아이와 보내는 시간만큼은 스마트폰을 보지 않고 최선을 다해 아이에게 집중합니다.

지켜야 할 사람이 생긴 것, 가족이라는 존재가 곁에 있는 것만으로도 제 세상은 확연히 달라졌습니다. 과거에는 알지 못했던 세상과 마주할 수 있었고, 그로 인해 세계관 또한 넓어졌습니다. 이 모든 경험 역시 제가 쓴 작품 곳곳에 녹아들어 가겠지요.

3장

실패하면 할수록
더 가까워지는 꿈

*The more you fail, the closer you get to
your dream*

때론 가장
잘할 수 있는 일을
꿈으로 삼아도 좋아

스물한 살 때 처음으로 제가 쓴 가사가 컴피티션에서 채택되었습니다.

가수 소에루Sowelu 씨가 부르는 드라마 주제가였죠. 당시 아르바이트 매장에 가려면 시부야의 대표적인 랜드마크인 스크램블 교차로를 거쳐야 했거든요. 그런데 거기 걸린 대형 화면에서 제가 참여한 노래의 뮤직비디오가 흘러나오는 거예요! 온몸이 떨리는 그런 감각은 난생처음이었습니다. 음악을 생업으로 한다는 게 어떤 일인지 비로소 깨닫게 됐죠. 그 뒤로도 기회가 닿는 대로 컴피티션에 참가했지만, 좀처럼 선택받지 못하다가 1년이 지나서야 겨우 한 작품이 더 채택되었지요.

그래도 끊임없이 도전했고, 선택받는 작품이 하나둘씩 더 생겼습니다. 가이드곡 작업 의뢰도 점점 늘었습니다. 그러다 보니 시간상으로 도저히 짬이 안 나서 스물세 살 때 아르바이트를 그만뒀습니다. 음악 하나만으로 먹고사는 삶이 시작된 것이죠!

그와 동시에 속으로 절반쯤은 포기하고 있던 밴드에 한 번 더 도전하기로 결심했습니다. 멤버를 모아 다시 밴드를 결성하고 활동도 열심히 했습니다.

정말 많이 노력했지만, 밴드는 기대만큼 성공적인 성과를 내지 못했습니다. 그러다 스물다섯 살이 되던 해, 제가 쓴 가사가 아무로 나미에 씨의 앨범 수록곡에 채택되었습니다. 그 일을 계기로 곡을 만들어 달라는 의뢰가 눈에 띄게 늘어났죠!

그때의 제게는 싱어송라이터가 최종적인 목표이자 꿈이었어요. 인기가 없어 밴드의 공연 티켓을 다 팔지 못할 때는 제 돈으로 공연장 대관료를 메우면서까지 무대에 오르기를 고집했습니다. 무대 위에선 그저 그런 보컬이었지만, 무대 뒤에서는 작사나 작곡 요청이 끊임없이 들어왔죠. 하지만 싱어송라이터도 작사가, 작곡가도 아닌 어정쩡한 현실이 어딘지 모르게 답답하게 느껴졌습니다.

그러다 스물일곱 살 때, 전혀 예상치 못한 방식으로 뜻밖의 기회가 찾아왔습니다.

전부터 연을 맺고 있던 음반 기획사의 소개로 8일 간 스웨덴에 갈 기회가 생긴 거였죠. 여러분에겐 조금 생소하게 들릴지도 모르지만, 스웨덴은 미국과 영국에 이어 세계 3위 규모의 대중음악 시장을 가지고 있으며 전 세계에 팝 음악과 뮤지션을 수출하는 음악 강국입니다. 오랫동안 제가 동경하던 곳이기도 했고요. 저는 모든 고민을 뒤로하고 송 캠프에 참여하기 위해 무작정 떠났습니다. 아무 기반도 없는 상태였지만 크게 걱정하진 않았어요. 스웨덴 현지의 여러 작곡가와 협업하여 곡을 만들 생각을 하니 그저 짜릿하기만 했답니다.

그때의 경험은 저에게 상당히 큰 자극이 되었습니다.

'처음 만난 사람과 곡을 만드는 작업이 이토록 재미있다니!'

그 전까지는 내내 노래를 '부르는' 가수가 되겠다는 꿈에 매달렸지만, 사실은 제가 곡을 '만드는' 일에 더 재미를 느낀다는 것을 그제야 깨달았습니다.

'노래를 부르는 일이 천직이라고 생각했는데, 어쩌면 곡을 만드는 삶이 나에게 맞는 건 아닐까?'

내가 정말 좋아하는 것이 무엇인지 마침내 알게 된 순간이었습니다.

가수를 고집하던 마음에서 벗어나 무대 밖으로 고개를 돌리자 시야가 트이면서 보다 다양한 길이 보이더군요. 덕분에 제가 좋아하면서도 잘하고, 무엇보다 수요가 있는 일을 찾아낼 수 있었습니다.

처음 기대한 대로 꿈을 이루지는 못했지만, 음악이라는 세계 안에서 제가 있어야 할 곳과 선택할 수 있는 수단을 바꿔 가면서 희망의 끈을 놓지 않았습니다. 그리고 마침내 저의 재능이 빛을 발할 수 있는 또 다른 '무대'와 만날 수 있었습니다.

실패한 경험 마저
결국은 귀중한 자산!

송 캠프를 마치고 돌아온 저는 결국 6년이나 끌고 온 밴드를 해산했습니다. 아쉽고 미안한 감정도 있었지만, 그래도 '곡을 만드는 삶'에 집중하고 싶다는 생각이 들었습니다.

그러던 중 스웨덴의 음반 기획사에서 본격적인 현지 활동을 해 보면 어떻겠냐는 제안이 왔습니다.

타국에서의 활동이라니! 불안한 마음이 들기도 했지만, 세계를 무대로 활동해 보고 싶은 열망이 강하게 피어올랐지요. 결국 굳은 각오를 다지고 떠나기로 결심했습니다.

"세계적으로 활약하는 작사·작곡가가 되겠어!"

그렇게 스물아홉 살이 되던 해, 다시는 일본에 돌아오지 않을 작정으로 스웨덴행 비행기에 올랐습니다.

'스웨덴에서 성공해서 호숫가에 스튜디오가 딸린 통나무집을 짓고 살아야지.'라며 부푼 꿈을 안고 떠났지

만, 일본인은커녕 아시아인조차 보기 힘든 낯선 거리는 저에게 사무치는 외로움을 안겨 줬습니다. 예전에 단기간 방문했을 때는 손님으로서 극진한 대우를 받았지만, 그곳에 정착하기로 한 이상 현지 사람들의 조건 없는 친절을 기대할 수는 없었습니다. 도착하자마자 실수를 저지른 건 아닌가, 또다시 머리를 쥐어뜯으며 괴로워하고 말았죠.

영어로 소통은 어느 정도 가능하다 해도 스웨덴어는 거의 할 줄 몰랐기에 남들과 속 깊은 얘기를 나누기 어려웠어요. 표면적으로는 사람들과 친해진 것처럼 보였지만, 정서적인 마음의 거리는 좀처럼 좁혀지지 않았습니다.

친구가 거의 없었던 저는 근처 공원에 가서 커다란 나무와 마음의 소리로 대화한 적도 있습니다.☺

그만큼 고독했고 너무나도 외로웠습니다.

문득 이 감정이 저에게 상당히 익숙한 것이라는 생

각이 스치더군요. 고등학교 대신 전문 뮤직 스쿨을 선택했을 때, 마음을 나눌 친구가 한 명도 없어 그저 피아노 위에 엎드려 매일 눈물을 흘렸을 때와 똑같은 상황이었지요.

열다섯 살 때 마주했던 막막한 상황이 15년 가까이 지나서 되풀이되고 있다니, 헛웃음이 났습니다.

그때부터 필사적으로 스튜디오에 틀어박혀 일에만 몰두했습니다. 혼자 있는 시간은 길고 할 일은 없었기에 많은 곡을 쓰고 녹음하는 날이 이어졌죠. 스웨덴까지 와서 매일 스튜디오에 틀어박혀 있는 삶이라니. 스스로 생각해도 어이없었지만, 어쨌든 그 덕분에 곡을 쓰는 기술은 확실히 좋아졌습니다.

하지만 곧 비자 취득에 문제가 생겨 갑자기 스웨덴을 떠나야 하는 상황이 발생했습니다.

하루아침에 노숙자와 다를 바 없는 신세가 되어 트렁크 하나만 달랑 끌고 영국으로, 또 미국으로 건너갔습

니다. 가는 곳마다 처음 만나는 작곡가들과 함께 협업하며 끊임없이 곡을 썼습니다. 다시 스웨덴으로 돌아갈 날만을 기다리면서요.

당시에 매주 거처를 옮기면서도 협업을 한 작곡가들과 SNS로 계속 연락했습니다. 작곡가들이 자주 모이는 카페에서 종일 진을 치고 일하다 보니 자연스럽게 다른 작곡가들과도 인사를 나누게 되었죠. 다행히 대부분이 저에게 흥미를 보여 줬고, 감사하게도 친한 작곡가를 소개해 주기도 했습니다. 그렇게 인연이 이어져 꽤 유명한 작곡가와 함께 작업한 적도 있습니다.

매일 밤 잠자는 장소가 달라지는 일도 비일비재했어요. 어느 날은 누군가의 집 소파였고, 어느 날은 싸구려 여관의 삐걱대는 2층 침대였죠. 가진 것이라고는 트렁크 하나밖에 없었으니 도중에 계절이 바뀌어 입을 옷이 없어지면, 현지에서 새것을 사고 계절이 지난 옷은 버렸습니다.

정말 엉망진창인 생활이었습니다. 하지만 의도하지

않은 삶의 경험도 창작의 재료가 되더군요.

　　새로운 사람을 만나고, 그들과 함께 곡을 쓰고, 세상 이곳저곳을 누비고 다닌 경험은 제게 매우 귀중한 자산으로 남았습니다. 그리고 무엇보다 그때 만났던 사람들은 지금도 저의 소중한 친구로 남아 있습니다.

간절한 마음이
얻어 낸 기회

어느 날 스웨덴에 체류 중인 저에게 일본에서 전화 한 통이 걸려 왔습니다. 두 명의 여성 가수 크리스털 케이 씨와 아무로 나미에 씨가 공동 작업을 하는데, 그 컴피티션을 위한 가사를 써 달라는 의뢰였죠.

존경하는 두 명의 가수가 부르는 노래라니! 무슨 일이 있어도 꼭 도전해 보고 싶었습니다. 마침 일본에 잠시 돌아가기로 한 상황이기도 했고요. 하지만 귀국 직전이라 너무 바빴습니다. 출국 전에 마무리할 행정적인 일들은 쌓여 있고 곡 작업에 몰두할 시간은 없었죠. 결국 가사는 한 글자도 쓰지 못한 상태로 일본으로 향하는 비행기에 몸을 실었습니다.

당시는 이래저래 내적 갈등이 많은 시기였습니다. 해결되지 않는 외로움, 기대에 부응하지 못하는 자신을 향한 초조함이 한계에 다다르고 있었거든요. 너무 많은 생각과 걱정 때문에 괴로워서 다 포기하고 싶은 기분이었죠.

'어쩌면 이 갈등도, 지금까지 느꼈던 외로움도 모두 이번 가사를 쓰기 위해 겪었던 걸지도 몰라. 아니, 분명 그럴 거야.'

저는 스스로를 다잡으며 비행기가 이륙하자마자 노트북을 꺼냈습니다. 일본에 도착하기까지 열 시간 동안 비행기 좌석에 딸린 좁은 테이블 위에 노트북을 펼쳐 놓고 오롯이 가사를 쓰는 데 몰두했습니다. 이 가사가 누군가에게 힘이 되어 주기를 바라는 마음을 가득 담아서 말이죠.

그리고 착륙과 동시에 공항에서 바로 의뢰한 측에 가사를 보냈습니다.

며칠 후, 기다리고 기다리던 좋은 소식이 날아들었습니다.

"오카지마 씨의 가사로 결정되었습니다."

이런 과정을 통해 완성된 곡이 2015년에 발매된 〈REVOLUTION〉입니다.

> We got wings, we can fly
> (우리에겐 날개가 있어, 우리는 날 수 있어)
>
> 어디든 갈 수 있어
>
> 하늘은 달려 나가기 위해 있어

이와 같은 가사로 시작되는 이 곡은 하늘을 나는 이미지를 연상케 하는 표현이 많이 등장합니다. 실제로 제가 비행기 안에서 썼기 때문이겠죠. 😊

제 가사가 채택됐다는 연락을 받았을 때 느낀 감격은 지금도 생생히 기억납니다. '아, 간절한 마음은 이렇게 보답받는구나.' 하는 기쁨으로 온몸이 떨렸거든요.

드디어 꿈을 이룬,
그날이 오다

> We got wings, we can fly
>
> (우리에겐 날개가 있어, 우리는 날 수 있어)

인트로가 흘러나오자 공연장을 가득 메운 수만 명의 관객이 일제히 환호성을 터뜨립니다. 지축을 뒤흔드는 듯한 엄청난 함성도 이어집니다.

그날 아무로 나미에 씨의 공연에 크리스털 케이 씨가 깜짝 등장해 두 사람이 무대에서 〈REVOLUTION〉을 불렀습니다.

최고의 공연을 보여 준 두 사람과 그 모습을 보고 뜨겁게 박수 치며 행복한 순간을 온몸으로 즐기는 관객들. 그 아름다운 광경에 제 눈에서는 눈물이 멈추지 않았습니다.

가수를 꿈꿨던 중학생 때부터 저는 제가 직접 부른 노래가 누군가를 위로하고 힘이 되어 주기를 바랐습니

다. 그래서 노래 부르는 일에 큰 의미를 두었죠.

하지만 직접 부르지 않아도 곡에 담은 메시지로 누군가를 위로하고 응원할 수 있다는 사실을, 곡을 만들면서 조금씩 깨달았습니다. 무대에 올라 노래 부르는 것을 고집하던 과거에서 점차 벗어나고 있던 저에게 그날의 공연은 작사·작곡가로서의 길을 택하는 결정적인 계기가 되었습니다.

매일 수만 명의 사람들 앞에서 열정을 다해 공연하는 가수들. 그런 프로들이 제가 만든 곡에 불어넣어 주는 생명력과 그들의 퍼포먼스로 곡이 완성될 때 생기는 엄청난 파급력.

비행기 안에서 혼신의 힘으로 쓴 가사를 너무나도 멋진 두 명의 가수가 제 눈앞에서 부르고 있는 모습을 마주하니 새삼 진한 감동이 밀려왔습니다.

곡에 담은 마음을 그토록 아름답고 황홀하게 표현하며 수만 명, 수백만 명의 가슴에 감동을 전해 주다니,

더할 나위 없는 행복을 느꼈습니다. 진심으로 기뻤고 고마웠습니다.

그날 이후로 저는 갈팡질팡하던 마음의 방황을 완전히 끝내고, 무대 뒤에서 작사·작곡가로서 열심히 노력하는 것이 저의 사명이라고 믿게 되었죠. 그래서 오늘도 곡을 만드는 데 최선을 다하고 있습니다.

좋아하는 일을
직업으로
삼는다는 것

"음악과 관련된 일을 하고 싶지만, 업계에서 살아남을 수 있을지 확신이 없어 불안해요."

그 불안한 마음, 충분히 이해합니다. 저도 그랬으니까요.

하지만 유감스럽게도 "괜찮아요. 당연히 잘될 거예요!"라고 긍정적이기만 한 답변을 드리기는 어렵습니다.

이 업계는 정말로 살아남기 힘든 곳입니다. 지금은 어떻게든 잘 해내고 있지만, 저 역시 10년 후에 어떻게 될지 모릅니다. 실력이 있다고 해서 반드시 성공할 수 있는 세계도 아니거든요.

좋아하는 일을 직업으로 삼는 건 분명 크나큰 행운이자 행복이겠지요. 하지만 모든 사람이 자기가 좋아하는 일을 직업으로 삼아야 한다고 생각하지는 않습니다. 좋아하는 일로 밥벌이를 하는 게 무조건 좋은 걸까요?

예를 들어 대학을 졸업하고 음악과 관계없는 회사에 취직해 일하면서 퇴근 후 또는 주말 여가 시간에 취미로 곡을 만들어 컴피티션에 참여하거나 밴드 활동을 하는 삶은 어떨까요? 꽤 멋지지 않나요?

음악으로 먹고사는 것만이 전부는 아니라는 얘기입니다.

다른 재능이 있다면, 그와 관련된 일을 하면서 좋아하는 음악 활동을 병행하는 것도 방법이니까요. 실제로 제 주변에는 낮에는 회사 경영자로 열심히 일하면서 매일 밤 곡을 만들어 쟁쟁한 가수들에게 곡을 제공하는 선배가 있습니다.

꼭 빛나는 무대에 서서 수만 명의 관객 앞에서 노래를 부르지 않아도, 작은 무대라도 분위기만큼은 최고인 공간에서 평생 노래를 부르는 것 또한 꿈을 이루는 방법 중 하나가 될 수 있어요. 각자의 삶의 방식, 적성, 시간과 체력에 맞춰 좋아하는 일을 계속해 나가는 것이 무엇보다 중요하지 않을까요?

뮤지션은 반드시 전업으로 하지 않아도 됩니다. 가령 디자이너로 일하면서 뮤지션으로 활동할 수도 있습니다.

그럼에도 음악으로 먹고살겠다는 의지가 확고하다면 최선을 다해야겠지요. 하지만 아직 망설이는 중이라면 섣부르게 진로 선택지를 좁히지는 마세요. 그랬다가 나중에 큰 시련을 겪게 될지 모릅니다.

저처럼 뒤돌아볼 수 없는 상황으로 자신을 몰아넣지 마세요. 절박함에서 나오는 엄청난 에너지를 발휘할 수도 있지만, 한 걸음만 실수해도 헤어나기 힘든 상황에 빠질 수도 있습니다. 지금 생각하면 10대 때 저는 늘 조바심을 냈어요. 그러니 아직 고민 중이라면 '간절한 마음'만으로 급하게 선택하려 하지 말고, 어떤 길을 가더라도 괜찮다는 여유로운 마음을 가졌으면 합니다.

부디 좋아하는 일과 함께 살아가되 자신에게 맞는 방법을 찾아 나가기 바랍니다.

나에게는 바로
'노력하는 재능'이 있지

'재능이 없으면 아무리 노력해도 소용없어.'

꿈은 있지만, 재능이라는 벽에 부딪혀 용기를 잃거나 미래를 비관하는 사람들이 있습니다. 여러분은 재능이 뭐라고 생각하나요?

만약 저에게 재능이 있다면, 그건 아마도 '노력하는 재능'일 것입니다. 사람들이 '노력'이라고 생각하는 것을 '노력'으로 여기지 않으며 계속해 온 덕분에 지금의 제가 존재한다고 믿거든요.

설사 재능이 있다고 하더라도 그 재능이 언제 어디에서 빛을 발할지는 아무도 모릅니다.

"넌 노래는 별로지만, 가사는 잘 쓰는 것 같구나."

제 노래를 듣고 나서 아버지가 하신 말씀은 저의 기분을 상하게 했으나, 결과적으로 그 평가는 옳았습니다.

여러분도 아직 스스로 깨닫지 못했을 뿐, 숨겨진 재

능이 있을 겁니다.

재능이 없다고 단정 짓지 말고 다양한 방법으로 재능을 찾아내는 데 도전해 보세요. 에디슨이 전구를 발명하기까지 얼마나 많은 도전을 하고, 얼마나 많은 쓰라린 실패를 겪었을까요? 우리도 잘될 때까지 뭐든 해 보는 수밖에 없습니다.

재능이 있다고 해서 반드시 성공한다는 보장은 없습니다. 특히 음악 업계에서는 재능이 있어도 시대의 흐름과 맞지 않아 대중에게 외면받는 경우를 심심찮게 볼 수 있습니다.

재능이라는 말에 얽매여 지금까지 아무것도 못 하고 있다면, 그 족쇄를 당장 풀어 버리세요.

재능 있는 사람과 자신을 비교하면서 주눅 들어 있을 시간이 있다면, 차라리 몸을 계속 움직여 끊임없이 도전하세요!

꿈이 없다면
지금을 열심히
살아 내자

이루고 싶은 꿈이 없다고, 진로를 정하지 못해 초조하고 괴롭다며 하소연하는 사람들이 있습니다.

어쩌다 보니 저는 꿈을 일찍 발견했지만, 꿈과 만나는 시기는 조금 늦더라도 상관없다고 생각합니다. 꿈을 찾지 못한 상황에서도 평생 행복하게 살아가는 사람이 많으니까요.

만약 꿈을 찾고 싶다면, 지금까지 여러 번 말했듯이 많은 사람을 만나고 다양한 풍경을 보러 다니세요. 생각지 못한 꿈을 찾게 될지도 모릅니다.

인생을 어떻게 살아갈지에 대한 생각은 사람마다 다릅니다. 지금 꿈이 있고, 그 꿈을 이루고 싶은 사람은 누가 뭐라 해도 꿈을 향해서 걸어 나가면 됩니다.

반대로 지금 꿈이 없다 해도, 너무 걱정하지 마세요. 순간순간을 열심히 살아 내는 것만으로도 충분합니다. 가족이나 친구와 함께하는 시간이나 취미에 집중하며 사는 것 또한 훌륭한 삶의 방식입니다. 꿈이 인생의 전부는 아니니까요.

　자신에게 소중한 사람, 의미 있는 일과 만나 그들을 사랑하고 아끼며 살아간다면, 그 인생 또한 정답이자 행복으로 가득한 삶이 아닐까요? 적어도 저는 그렇게 생각합니다.

4장

너의 음악이
누군가를 구원할지도 몰라

Your music might save someone

절망 속
나를 일으킨
음악의 힘

"힘든 일이 생기면 어떻게 극복하시나요?"

저는 힘든 일이 생기면 곡을 씁니다. 그러니 저에게는 곡 쓰는 일 자체가 시련을 극복하는 가장 효과적인 방법인 셈이지요.

즐거운 일이든 괴로운 일이든 내가 겪은 모든 일은 창작의 밑바탕이 됩니다. 바로 경험을 작품에 녹이는 거죠. 창작자의 장점이자 습성이라고 할 수 있겠네요.

가령 최악의 연애를 경험하거나 인간관계에서 시련을 맞닥뜨리더라도 '아, 지금 겪는 이 일도 곡의 소재로 쓸 수 있겠구나.'라고 생각합니다. 그럴 땐 작사·작곡가가 정말 좋은 직업임을 실감하죠. ☺

10대 시절 안 좋은 감정이 생기면 모두 곡에 담았습니다. 그게 저만의 스트레스 해소법이었습니다. 그렇게

만든 노래를 부르면서 눈물을 흘린 적도 많습니다.

지금도 마찬가지입니다. 현실에서 느끼는 슬픔이나 괴로움, 고민들을 창작으로 승화시키고 있죠.

> 즐거운 일 속상한 일
> 가장 먼저 전해 주고 싶은데, 겉돌기만 할 뿐

세네루Che'Nelle 씨가 부른 〈Happiness〉의 첫 구절은 그런 저의 마음이 고스란히 담겨 있습니다. 이 곡의 가사는 그야말로 제가 처했던 괴로운 현실이 만들어 냈다고 할 수 있습니다.

이 곡의 작사 의뢰를 받은 시기는 스웨덴에서 외로움을 견디면서 매일 고군분투할 때였습니다. 연애도 순조롭지 못했고, 일도 기대만큼 좋은 결과를 내지 못하던 상황이었죠.

일본에 있는 소중한 친구들, 저를 응원해 주는 사람

들과 만나고 싶은 바람은 간절했지만 너무 멀리 떨어져 있었습니다.

제가 해결할 수 없는 거리와 시차, 그리고 인생에 대한 막연함과 답답함. 여러 감정들 속에서 이 곡이 탄생했습니다.

그리고 크리스털 케이 씨의 〈몇 번이라도〉의 가사는 앞이 보이지 않는 불안한 현실에서 살고 있는 저 자신에게 용기를 북돋워 주기 위해 썼습니다. 필사적으로 도전하고 노력하는 저의 모습이 언젠가 누군가에게 힘이 된다면 좋겠다는 바람을 담았죠.

시련을 겪더라도 그 경험을 음악이라는 형태로 승화시켜 누군가에게 메시지를 전할 수 있습니다. 그리고 그런 과정을 통해 저 자신도 힘을 얻습니다. 이 직업을 갖게 되어 참 다행이라고 생각하는 이유 중 하나입니다.

내 음악에
한 줄기의 빛이 있는
이유는······

아무리 슬픈 분위기의 곡이라도 마지막에는 반드시 '한 줄기의 빛'을 넣는 것. 제가 곡을 만들 때 불문율처럼 여기는 사항입니다.

어두운 분위기의 곡에 푹 빠져 보는 것도 음악을 즐기는 방법 중 하나입니다. 저도 우울할 때 이렇게 해 보기도 합니다. 하지만 그 어두움에 지나치게 잠식되는 것은 위험하지 않을까요?

음악에는 듣는 사람을 불안감이나 슬픔의 감정 속으로 깊이 끌어들이는 힘이 있습니다. 하지만 저는 제 음악을 듣는 사람들을 그런 어두운 감정에 빠져들게 하고 싶지 않습니다. 그래서 아무리 불안한 세계나 무거운 심정을 그린 곡이라도 마지막 부분은 항상 희망을 주는 내용으로 끝맺습니다.

일례로 성우 오오하시 아야카 씨가 부른 〈Étoile〉이라는 곡이 있습니다. 오오하시 씨의 평소 이미지는 유쾌하고 밝지만, 사실 자타가 인정할 만큼 어두운 기질을

가지고 있다고 합니다. 저는 그녀의 진정한 모습이라고 할 수 있는 어두운 내면과 마주 보는 곡들을 많이 썼습니다.

〈Étoile〉 역시 기본적으로는 슬픔과, 주어진 상황에 대한 괴로움을 파고드는 곡입니다. 하지만 그것만으로 끝나지 않습니다.

> 흐르는 눈물은 하늘로 올라가
> 수많은 별을 돌고 돌아
> 언젠가 언젠가 너의 우주를 비춰 주기를

저는 가사의 마지막에 이런 희망의 빛을 넣었습니다.

반면 밝고 천진난만한 분위기의 곡이라도 어느 한 부분에서는 깨달음을 전할 수 있는 내용을 씁니다. 미래에 대한 기대와 설렘을 담은 힌트나 메시지를 넣으려고 노력하는 편입니다.

너무 힘들다는 건
그만큼 열정적이라는
증거

'드디어 그때의 감정과 마주해야 할 때가 온 건가.'

한국의 아티스트 '볼빨간사춘기'가 부른 〈나의 사춘기에게〉의 일본어 가사를 작업하게 되었을 때, 이런 생각이 들었습니다.

원곡의 한국어 가사가 10대 때 제가 품고 있던 생각과 많이 닮아 있었어요. 그래서 그 마음을 진정성 있게 전달하고 싶었습니다. 왠지 진심을 쏟지 않으면 안 될 것 같았습니다.

'이 세상에서 사라지고 싶어. 하지만 누군가에게 도움이 되고도 싶어.'

그런 마음으로 음악의 길을 걸어온 저의 모습이 겹쳐 보였죠. 이 노래의 일본어 가사는 저의 과거를 돌아보며 눈물을 흘리면서 썼습니다.

유튜브에 공개된 이 곡의 뮤직비디오 조회 수는 700만 회가 넘었습니다. 그리고 예상치 못한 일이 벌어졌죠. 댓글 게시판에 중고등학생들이 자신의 솔직한 마음을 털어놓는 글이 끝도 없이 올라온 겁니다.

많은 학생들이 간절한 마음으로 자신의 심정을 고백했고, 이어서 그 글들에 공감하는 댓글들이 달렸습니다. 그렇게나 많은 학생이 이 곡을 가슴 한편에 품고 살아간다는 사실을 떠올리면, 저에게도 더없이 소중한 곡으로 느껴집니다.

미우라 다이치 씨의 〈Life is Beautiful〉이라는 곡도 가사에 저의 상실감을 솔직하게 담았습니다.

아버지가 돌아가신 지 얼마 지나지 않았을 때였습니다. 제가 슬픔에 빠져 있다는 사실을 알고 있던 다이치 씨가 함께 곡을 써 보자고 제안했습니다.

'만약 하늘에 계신 아버지가 내게 메시지를 보낸다면 어떤 내용일까?'

그런 상상을 하면서 멜로디와 가사를 쓰기 시작했고, 다이치 씨와 작곡가 UTA 씨, 저 이렇게 세 사람이 서로 의견을 조율해 가면서 완성했습니다.

이런 기회가 없었다면 아마도 저는 아버지의 죽음을 정면으로 바라보지 못했을 것입니다. 너무 힘들어서 외면하고 싶었던 일을 마주하며, 슬픔과 괴로움을 음악으로 승화할 수 있었습니다. 계기를 만들어 준 다이치 씨에게는 지금도 감사하는 마음을 가지고 있습니다.

고토네 씨의 〈당신은 살아 있나요〉는 야간 구급 현장에서 일하는 의사들의 이야기를 그린 후지TV 드라마 《나이트 닥터》의 주제가입니다.

이 곡의 작사 의뢰를 받은 것은 코로나19 팬데믹으로 모두가 혼란스러워하던 때였습니다.

마음 편히 외출도 못 하고 사람들과 만나는 것도 쉽지 않았지요. 다들 불안감을 끌어안고 견디던 시기였습니다. 그런 아픔을 어루만져 주고 싶었습니다.

당신은 살아 있나요. 밤에 휩싸이진 않았나요.

혼자서 자문자답을 반복하며

눈물을 거듭한 싸움의 끝에는 무엇이 있나요?

동일본대지진 직후, 저는 방 안에서 혼자 '이제 어떻게 되는 걸까.' 하고 고민하며 정신적으로 불안정한 상태를 겪었습니다. 그때의 감정과 마음속으로 그렸던 풍경을 떠올리면서 가사를 썼습니다.

또 크리스털 케이 씨의 〈혼자가 아니니까〉는 코로나19 팬데믹의 여파로 힘들게 살아가는 친구들과 아버지가 돌아가신 후 혼자 남은 어머니를 비롯한 주변의 소중한 사람들에게 '지금은 힘들겠지만, 함께 힘내요.'라는 마음을 담아 쓴 곡입니다.

저의 경험과 생각이 곡의 소재가 되기도 하지만, 나

중에 그 곡을 통해 저 자신이 다시 힘을 얻는 경우도 있습니다.

아이돌 그룹 '자니즈웨스트'의 〈증거〉가 발매된 후, 이 곡을 우연히 다시 접한 건 육아로 지쳐 있던 때였습니다. 문득 이 곡을 듣고 제가 쓴 가사임에도 상당히 마음에 와닿아 위로받는 기분이 들었어요.

육아는 행복한 일입니다. 그러나 그만큼 힘들기도 하죠. 아이와 함께 시간을 보내고 싶지만, 일에도 최선을 다하고 싶다는 감정의 진폭이 너무 커서 마음의 균형이 무너질 것 같은 나날이었습니다. 문득 그런 감정이 드는 것도 어쩌면 '열심히 살고 있다는 증거'라는 사실을 제가 쓴 가사를 통해 깨달았죠. 묘한 기분이었습니다.

지금 여러분이 느끼고 겪는 감정과 경험 역시 언젠가 어떤 형태로든 누군가에게 힘이 되어 줄지 모릅니다. 어쩌면 미래의 당신을 구할 수도 있습니다.

지금의 감정,
지금 만든 무언가는
미래의 내 재산

🎧 10대의 질문

"어떨 때 가사를 쓰시나요?"

'이제부터 써 보자!'라고 마음먹을 때입니다. 😝

학창 시절에는 아이디어가 넘쳐흘러 손이 머리를 따라가지 못할 정도였습니다. 하지만 세월이 흐른 지금은 상황이 완전히 달라졌습니다.

그러니 여러분도 뭔가 아이디어가 떠오른다면 어디에든 적어 두세요. 꼭 당부하고 싶은 말입니다. 10대일 때만 쓸 수 있는 글이 있습니다. 지금 느끼는 감정, 지금 만든 무언가는 미래에 여러분의 재산이 되어 줄 것입니다.

요즘도 저는 가끔 중고등학생을 주인공으로 설정해 놓고 곡을 씁니다. 하지만 안타깝게도 그 시절의 감정으로 완전히 돌아가지는 못해요. 과거를 떠올리며 쓰거나, 마치 그때의 제가 된 것처럼 상상하면서 쓸 수밖에 없습니다. 이제 저는 두 번 다시 여러분 같은 10대가 될 수 없으니까요.

　제가 10대 시절에 쓴 것은 아쉽게도 거의 남아 있지 않지만, 20대에 쓴 것은 정리하여 보관하고 있습니다. 가끔씩 꺼내 읽으면서 '우와! 내가 이런 가사도 썼었구나!' 하고 혼자서 놀랍니다.

　그럼 지금은 어떨 때 가사를 쓸까요?

　이제 가사를 쓰는 일은 저의 직업이 되었습니다. 그리고 직업상 의뢰받은 일에는 모두 마감 기한이 있죠. 따라서 영감이 떠오를 때까지 마냥 기다릴 수 없습니다. 마음을 다잡고 반드시 써야 한다는 의지를 불태우며 업무 모드의 스위치를 켜야 합니다. 이 방법도 나름대로 재미가 있습니다.

　하지만 생기발랄한 감성이 넘쳐흐르는 여러분이 부러운 것도 사실입니다. 그러니 지금 느끼는 감정과 생각을 어딘가에 꼭 남겨 두라고 다시 한번 당부하고 싶네요.

프로가 되고 싶다면
다양한 음악을
즐겨 봐

10대의 질문

일단 다양한 장르의 음악을 들어 보세요! 분명 여러분의 음악 세계가 더 넓어지고, 더 즐겁게 곡을 만들 수 있을 겁니다.

음반 매장에서 아르바이트할 때, 매장 선배들이 거의 매일 좋은 곡을 추천해 줬습니다.

당시의 저는 R&B(리듬 앤드 블루스)에 빠져 있어 다른 장르에는 관심이 전혀 없었죠. 하지만 그곳에서 댄스 뮤직, 재즈, 클래식, 월드 뮤직[+], 록 등 다채로운 음악을 접한 덕분에 지금의 저는 폭넓은 장르의 곡을 즐겁게 만들고 있으며, 완벽하지는 않지만 부를 수도 있습니다.

✦ 주로 미국, 영국 등 서양의 주류 음악을 제외한 제3세계의 음악을 가리킨다. 아프리카, 남아메리카, 아시아 등의 음악이 포함된다.

생각해 보면 젊은 시절에 그런 경험을 할 수 있었던 것은 큰 행운이었습니다.

10대부터 20대까지는 뭐든 잘 흡수하는 시기이기 때문에, 어떤 음악이든 호기심을 갖고 즐기면서 음악적 자산으로 만들 수 있습니다.

요즘은 음악 스트리밍 서비스로 다양한 장르의 음악을 더 쉽게 들을 수 있지요. 솔직히 지금의 청춘들이 이런 면에서는 정말 부럽습니다! ☺ 좋아하는 장르가 있다면 그것에 심취하는 것도 좋지만, 때로는 전혀 다른 장르의 음악도 들어 보기 바랍니다!

하지만 프로가 되었다고 해서 일이 쉬워지진 않습니다. ☺ 오히려 다양성의 시대라 사람마다 듣는 음악의 장르가 다양해 더더욱 알아야 할 것, 공부할 것들이 많답니다. 이럴 때일수록 중요한 건 미지의 세계를 두려워하지 않고 호기심을 가진 채 마주 보려는 자세가 아닐까요? 취향에 맞지 않거나 관심이 없는 장르를 '잘 모르겠어.'라고 한마디로 정리하는 건 참 쉬워요. 하지만 프로라면 거기서 한 발짝 더 들어가야 합니다.

"대체 이 곡은 왜 이렇게 인기가 높을까?"
"잘 모르는 장르의 곡인데 왜 재생 수가 많지?"

이런 의문과 호기심을 품고 지켜보는 거죠. 트렌드는 늘 변화하니 무엇이 최선의 선택일지는 아무도 몰라요. 저도 어떤 것이 옳은 답인지 알지 못한 채 순간순간 최선을 다할 뿐입니다.

학교가
인생 선택지의
전부는 아니야

"고등학교 졸업 후 음악을 전문적으로 공부할 수 있는 학교나 학원에 가야할지 고민입니다. 어떻게 하면 좋을지 모르겠어요."

이건 정답이 없는 질문이기에 제가 확실한 답을 드릴 순 없지만 한 가지는 말해 드릴 수 있습니다. 전문 기관에 간다고 해서 반드시 가수로 데뷔하거나 음악 업계에 취직할 수 있는 것은 아니라는 거죠.

다만 음악 업계와 조금 더 가까워지는 것은 사실입니다.

현역 작사가나 작곡가가 강사로 근무하기도 하고, 음반 기획사와 인연이 닿아 있는 음악 학원도 있습니다. 아무래도 그런 곳에는 음악 업계 사람들이 자주 드나들지요. 그러니 열심히 하면 스카우트되거나 오디션, 컴피티션에 참가할 기회를 얻을 가능성이 높습니다. 이 같은 면에서는 다른 곳에 있을 때보다 기회를 얻는 데 유리하

다고 할 수 있습니다.

또한 같은 꿈을 꾸는 사람들과 만나 신선한 자극을 받을 수 있겠지요.

하지만 함께 공부하는 동기 중에는 진심으로 음악을 공부하고 싶어서라기보다 어중간한 마음으로 그저 음악이 좋아서 입학한 사람도 있을 겁니다.

그리고 본인 역시 '어쨌든 전문 기관에 다니고 있는' 자기 모습에 안심하고 안주할 위험이 있습니다.

학교나 학원에 다니면 일단 전공 관련 수업도 많고 친구들과도 어울려 다니게 되어 '무언가 하고 있는' 느낌이 들기 십상입니다. 중고등학교에 다닐 때처럼 매일 공부에 열중하며 보람차게 지낼 수도 있지요.

그러나 학교를 졸업하거나 학원을 수료했다는 것만으로 장래가 보장되지는 않습니다. 저 역시 뮤직 스쿨에 다니는 동안은 그럭저럭 잘 지냈다고 생각했으나 정신을 차려 보니 이렇다 할 성과도 없이 스무 살이 되어 있었죠. 이처럼 매일 어딘가를 다니는 것만으로 안심할 바에는 차라리 과감하게 혼자만의 길을 선택하는 것도 방법이지 않을까요?

요즘은 유튜브를 비롯해 온라인에서도 많은 지식을 얻을 수 있습니다. 진심으로 공부하고 싶다면 반드시 학교나 학원이 아니더라도 선택지는 많습니다.

음악 업계에서 일하는 데 졸업장이나 수료증이 필수 요건은 아닙니다. 주변을 봐도 전공과 상관없이 이 길을 택한 동료들이 생각보다 많답니다.

전문 기관에서 공부하는 경험을 꼭 해 보고 싶다면 가는 것이 좋겠지만, 중요한 건 여러분 자신에게 맞는 방법을 찾아 그게 무엇이든 도전해 보는 것입니다!

미움받을 용기가
나를
성장시킬 거야

"직접 만든 작품을 SNS 등에 공개하는 것이 좋을지 망설여지는
데, 어떻게 해야 할까요?"

저는 중학생 때부터 곡을 만들었지만, 만약 제가 요
즘 시대의 중고등학생이라면 틱톡TikTok에서 노래를 부
르거나 유튜브에 라이브 영상을 올리는 것은 아마도 부
끄러워서 하지 못했을 겁니다. 타인의 평가가 두려워 고
민했을 수도 있겠고요. 그러니 SNS에 올리기를 주저하
는 마음을 충분히 이해합니다.

SNS에 올렸는데 뜨거운 반응을 얻으면 자신감이 생
기겠죠. 물론 안 좋은 평가를 받을 수도 있을 거예요. 하
지만 뒤집어 생각해 보면 부정적인 평가를 받는다는 건
발전의 가능성이 있다는 뜻입니다.

부족한 점을 지적받고 그 평가에 동의한다면, 그 부
분을 잘할 수 있도록 노력하게 될 테니까요. 매일 잘한

다는 말만 들으면 노력을 게을리할 수도 있으니 오히려 성장하기 힘들지 않을까요?

아르바이트할 때, 저의 상사는 "손님의 고충은 불평이 아니라 의견이야."라는 말을 자주 했습니다. 물론 단순히 비난을 위한 비난까지 진지하게 받아들일 필요는 없지만, 합당한 비판의 목소리는 자신을 성장시킬 수 있는 의견이라 여기고 받아들이는 자세를 갖추어야 합니다.

밴드에서 노래를 부를 때도 스스로 만족스러운 공연을 했을 때는 분명 뜨거운 반응이 돌아왔습니다.

반대로 그런 반응이 없을 때는 아무리 좋았다는 소리를 들어도 그날 공연이 별로였음을 저절로 알 수 있었습니다. 성의 없는 좋은 평가는 부족한 점을 지적받는 것보다 더 나쁠 수 있습니다.

사실 여러분과 친밀한 관계를 맺고 있는 사람은 여러분의 작품이나 표현력이 별로라고 느끼더라도 대부분 솔직하게 말해 주지 않습니다. 반대로 말하면, 온라인상에서 솔직한 의견을 말해 주는 사람이야말로 여러분에게 필요한 고마운 존재일지 모릅니다. 그러니 두려워하지 말고 한 걸음 내디뎌 보는 건 어떨까요?

5장

꿈으로 먹고사는 사람의
'리얼' 스토리

The reality of people who live off their dreams

일하고픈 분야에
어떤 직업이 있는지
알고 있니?

작사가나 작곡가를 꿈꾸고 있다면, 많은 음반 회사에서 오디션이나 컴피티션을 열고 있으니 참가해 보기를 권합니다.

컴피티션 자체는 모두에게 기회를 주는 열린 시스템으로 운영됩니다. 참가자가 무명이든 업계에 연줄이 없는 신인이든 작품만 좋다면 선택받을 수 있죠.

물론 각각의 시스템마다 일종의 '궁합' 같은 것이 있습니다. 그래서 작품이 좋더라도 "이번 드라마의 주제가로는 맞지 않습니다."와 같은 이유로 채택되지 않을 수 있어요. 하지만 수요자가 원하는 바를 잘 파악하고 좋은 곡을 꾸준히 쓴다면, 언젠가는 분명 선택받을 수 있습니다. 이처럼 컴피티션은 능력에 따라 인정을 받는 투명한 시스템이지요.

컴피티션에 참여하기 위해서 음반 회사나 연예 기획사 등과 접점을 만들어 놓고 관련된 사람들의 의뢰나 제안을 받는 것도 좋은 방법입니다. 더불어 가수나 크리에이터를 모집하는 오디션은 거의 항상 열리고 있으니

용기 내어 도전해 보세요. 그러고 보면 음악 업계로 들어가는 문은 꽤 넓지 않나 하는 생각이 드네요.

다만 들어가는 문이 넓은 것과 거기서 살아남는 것은 전혀 다른 문제겠죠? 컴피티션에서 한 작품이 채택되었다고 해서 그걸로 계속 먹고살 수 있는 건 아니거든요.

여느 프리랜서 직종이 그렇듯 좋아하는 일을 '본업'으로 삼는다는 건 힘든 일이죠. 솔직히 말해 음악 업계에서 밥벌이하는 건 더욱 쉽지 않습니다. 하지만 조금만 관심을 가지면 여러 갈래의 길이 보일 거예요. 음악 업계에는 다음처럼 정말 다양한 직업이 존재하거든요.

- (저 같은) 작사가, 작곡가
- 가수
- 아티스트 앤드 레퍼토리✦

✦ Artists and Repertoire. 줄여서 'A&R'이라고 한다. 앨범 콘셉트 및 레퍼토리 기획, 신인 뮤지션 발굴, 앨

- 음반제작디렉터[✦]

- 매니저

- 편곡자

- 스튜디오뮤지션^{✦✦}

- 레코딩엔지니어

- 믹싱엔지니어, 마스터링엔지니어^{✦✦✦}

- 프로모터^{✦✦✦✦}

- 무대감독

범 제작 및 마케팅 관리 등 한 아티스트가 발매하는
음반의 기획 과정을 통괄하는 직업.

✦ 편집이나 복제를 하기 전의 원본 음반 제작 과정을
관리·감독하는 직업.

✦✦ 스튜디오에서 녹음을 진행할 때 악기를 연주하는
뮤지션.

✦✦✦ 믹싱 엔지니어는 여러 녹음 트랙의 음향 및 효과를
조절하여 하나로 만드는 사람을, 마스터링 엔지니
어는 음악의 최종 편집을 담당하는 사람을 뜻한다.

✦✦✦✦ 가수, 앨범, 공연 등의 홍보 및 마케팅을 담당하는
사람.

- PA 엔지니어[+]

- 사운드 크리에이터[++]

- 로디Roadie [+++]

- 악기 제작 및 수리 기술자

- 음악 잡지 편집자, 음악 칼럼니스트

- 음악 교사, 음악 교실 강사

　　손꼽기 시작하면 끝도 없습니다. 관심 있는 분야가 있다면 시간을 내서 더 조사해 보세요. 관점을 넓혀 두루 살펴보면, 음악 업계에서 먹고살 수 있는 가능성이 높아질 테니까요.

[+] 콘서트나 공연 무대에서 음향 시스템을 설치하고 음향 상태를 조정하는 기술자.

[++] 영화나 드라마, 광고, 게임 등에 사용되는 음악, 배경음 및 효과음 등을 제작하는 사람.

[+++] 로드 크루Road Crew. 가수의 콘서트 투어나 공연을 따라다니며 각종 지원 업무를 담당하는 사람.

또 과거와 달리 요즘은 틱톡, 유튜브 등의 플랫폼이나 SNS로 노래 부르는 영상을 배포할 수도 있고, 스포티파이Spotify, 애플뮤직Apple Music 같은 음원 스트리밍 서비스를 통해 자신이 만든 작품을 알리는 것도 쉬워졌습니다. 자기 작품을 직접 등록해 저작권료로 돈을 버는 사람도 많아졌죠.

여러 매체를 적절하게 활용해 음악으로 먹고사는 사람이 제 주변에도 적지 않습니다. 다만 어떤 방식이든 자신의 성격에 맞아야겠죠? 여러분도 자신이 원하고 좋아하는 일을 지속할 수 있는 방법을 여러 방면으로 찾아내기를 바랍니다.

작사란
곡에 영혼을
불어넣는 일

지금 여러분이 듣고 있는 그 음악은 누가, 어떻게 만들었을까요?

음원 사이트에서 듣고 있는 음악의 '곡 정보'를 찾아보세요. 가수뿐만 아니라 작곡가, 작사가, 프로듀서 등 3~4분 정도의 곡 하나에 수없이 많은 사람들이 참여했음을 알 수 있습니다.

이렇게 모인 사람들 중 노래에 담은 메시지로 자신이 그리고 싶은 세계관, 때로는 그 음악이 쓰이는 매체의 성격이나 분위기까지 고려하는 등 다양한 요구 조건을 수용해서 결과물을 만들어 내는 사람이 바로 '작사가'입니다.

바로 3~4분 정도라는 제한된 시간 안에 한정된 글자 수로 곡에 영혼을 불어넣는 작업이죠. ☺

이를 상당히 어려운 작업으로 여기는 사람도 많지만, 저는 그런 제한된 틀이 오히려 크리에이터의 창작 능력을 더 잘 발휘하게끔 도와주는 장치라고 생각합니다. 만약 완전히 자유로운 창작 방식으로 곡을 쓰라고

하면 너무 큰 자유에 오히려 불안감을 느끼지 않을까요? 어쩌면 제약이 답답하게 여겨질 수도 있겠지만 제경험상 더 큰 창의성을 불어넣어 준 경우가 더 많았습니다.

스포츠도 마찬가지입니다. 가령 테니스는 코트라는 틀 안에서 경기가 진행되죠. 코트 안을 벗어나지 않으려고 애쓰며 서로 경쟁하기 때문에 게임이 더욱 흥미진진한 게 아닐까요?

무엇보다 가사는 음악이 있어야 존재하는 의미가 있습니다. 시나 소설과는 다른 점이지요.

뮤지션마다 생각이 다르겠지만, 저에게 '작사'란 주인공(가수)의 생각을 멜로디에 얹는 일입니다. 나아가 멜로디가 담고 있는 감정이나 메시지를 끄집어내어 언어화하는 작업이기도 합니다.

멜로디의 매력을 최대한 살리는 동시에 노랫말 자체로도 빛을 발해야 하죠. 곡의 느낌에 따라 일부러 어감이 강한 말이나 반대로 담백한 말을 넣어 균형을 맞춥니다. 그런 과정을 반복하면서 하나의 작품을 완성해 나갑니다.

하나의 곡 뒤에는
많은 사람의
꿈들이 있어

음악 업계에는 흥미로운 사람들이 많습니다.

'자기다움을 잃지 않는' 것이 오히려 장점이 되는 세계니까요. 각자의 개성을 발휘하고 발전시키기 좋은 환경이죠.

특히 개성 넘치는 사람들과 함께 곡을 만드는 일은 진심으로 즐거운 일입니다.

저의 경우 곡을 쓸 때는 대부분 누군가와 함께 협업했습니다. 트랙메이커(힙합에서는 비트메이커) 혹은 프로듀서라고 부르는 또 다른 작곡가와 팀을 이루면 저는 멜로디와 가사를, 트랙메이커는 멜로디의 반주가 되는 비트나 코드를 생각합니다. 그리고 그 자리에서 제가 바로 가사를 쓸 때도 있고, 따로 날을 잡아 쓸 때도 있죠. 그러고 나서 임시 가사를 녹음합니다. 물론 멜로디 구상부터 편곡까지 전 과정을 혼자서 작업하는 작곡가도 많습니다. 아니, 오히려 그런 작곡가가 더 많을지 모르지만, 일단 저는 이렇게 일합니다.

작업할 때는 곡을 받을 아티스트와 디렉터와 긴밀하게 연락을 주고받습니다. 곡에서 구현하고자 하는 세계관, 전하고 싶은 메시지를 꼼꼼히 공유하고 협의하면서 곡을 완성해 갑니다.

그다음 단계가 바로 대망의 녹음 작업이죠! 레코딩 엔지니어와 상의하면서 가수와 연주자들이 최고의 퍼포먼스를 보여 줄 수 있도록 신경 써야 합니다.

그 후 편집과 믹싱, 그리고 최종 마무리 작업으로 마스터링이 진행됩니다. 이렇듯 하나의 곡은 음원 제작에 참여하는 많은 사람의 노력으로 완성되는 거죠.

좋은 곡을 완성하겠다는 일념으로 모두 함께 열정을 불태우는 분위기 속에서 작품을 완성해 가는 과정은 정말 즐겁습니다.

또한 완성된 노래의 음원이나 뮤직 비디오를 텔레비전 방송이나 거리의 대형 스크린에서 마주칠 때의 감동은 다 말로 표현할 수 없습니다.

그리고 최고의 순간은 역시 라이브로 노래를 들을 때입니다!

상상해 보세요. 함께 곡을 만든 사람들과 찾은 공연장. 곡의 인트로가 흘러나옵니다. 그러자 기다리던 관객들이 설레는 마음에 내지른 환호성이 공연장에 울려 퍼지고, 우레와 같은 박수갈채가 쏟아집니다.

이토록 많은 이의 사랑을 받는 곡을 함께 만들었다는 기쁨과 자부심이 가슴 깊은 곳에서 절로 우러나오지 않을까요?

곡에 맞춰 관객이 노래를 따라 부르거나 춤을 추는 광경을 보면 정말이지 가슴이 벅차오릅니다. 그리고 공연이 끝나면 함께 작업한 사람들과 뿌듯함을 느끼면서 끈끈한 악수를 나눕니다.

서로에게 감사 인사를 전하는 내내 성취감으로 마음이 충만해집니다. 정말 행복한 순간이지요. 아무리 여러 번 경험하더라도 절대 질리지 않는 순간입니다.

전 세계 음악 시장에는 오로지 음악만을 생각하는, 노력을 노력이라고 생각하지 않는 사람이 많습니다. 그런 이들과 함께 일할 때는 감탄이 절로 나오죠. 😊

그리고 열심히 일하는 시간이 쌓일수록 프로젝트를 함께하는 주변 사람들의 존재가 얼마나 소중한지, 그들이 얼마나 멋진 사람들인지 실감할 수 있습니다. 저는 그런 사람들과 함께 일할 수 있다는 행복감을 앞으로도 소중히 여길 것입니다.

작사·작곡가의 하루,
그리고 골든타임

이번에는 저의 하루 일과를 소개해 볼까 합니다.

이른 아침, 아이들이 먼저 일어나 재잘거리며 저를 깨우러 옵니다. 모든 식구가 일어나면 아침 식사를 준비하고 어린이집 등원 전에 함께 노는 시간을 갖죠.

아이들을 어린이집에 보낸 9시 반쯤부터는 오로지 저의 시간입니다.

오전 시간에는 무에서 유를 만들어 내야 하는 창작 작업을 가장 먼저 해요. 대개 가사나 멜로디를 떠올리거나 곡의 테마나 콘셉트를 구상합니다.

온전히 창작에 몰두하는 오전 시간을 보내고 나면 간단히 점심을 챙깁니다. 오후에는 레코딩, 공동 작사 작업, 보컬 디렉션, 회의 등 주로 사람들과 함께 작업해야 하는 일들을 하죠.

저녁 6시경에는 하루의 일과를 마치고 집에 돌아와 하원하는 아이들을 맞이합니다. 저녁 식사와 목욕을 끝낸 후 아이들이 잠자리에 드는 밤 10시까지 가족들과 함께하는 시간을 보냅니다. 가족들이 모두 잠들면 작업실로 돌아와 자정이 조금 넘는 시간까지 다시 디렉터, 혹은 다른 작업자들과 협의해 가며 일을 합니다.

이처럼 규칙적으로 일과를 유지하게 된 지는 10년 정도 되었습니다. 이전에는 주로 밤에 가사를 쓰곤 했어요. 그런데 밤에는 왠지 시간이 남아도는 듯한 느낌이 들어서 게으름을 피우게 되더군요.

예를 들어, 저녁 8시쯤 일하려고 앉으면 '흠, 일단 유튜브 좀 보고 할까.'라는 생각으로 딴짓을 시작하죠. 한참 유튜브에 빠져 있다가 정신을 차려 보면 어느덧 10시. 그럼 '괜찮아. 밤새우면 되지.'라며 또 여유를 부립니다. 그러다 보면 금방 새벽 2~3시가 됩니다. 그제야 부랴부랴 급한 마음에 일에 집중하려 애쓰지만 이미 피곤해서 머리가 잘 돌아가지 않는 상태지요.

20대 때는 이런 생활을 반복했어요. 하지만 언제부터인지 낮에도, 밤에도 집중하지 못하고 체력이 떨어질 대로 떨어져 늘 피곤했습니다. 이렇게는 좋아하는 일을

오래도록 잘할 수 없겠다는 생각이 들었습니다. 여러 번의 시행착오 끝에, 아침에 일어나서 잠옷을 입은 채로 컴퓨터 앞에 앉아 집중력이 떨어질 때까지 몰입하는 방식이 저에게는 가장 잘 맞는다는 것을 알아냈습니다. 그 뒤로 아침 시간대에 곡을 쓰는 지금의 방식에 정착하게 되었답니다.

아침이 좋은 건, 푹 자고 일어나 피로감이 가장 적은 때여서 억지로 몰두하려고 애쓰지 않아도 기분 좋게 창작 활동에 시동이 잘 걸리기 때문입니다.

여러분도 밤에 책상 앞에만 앉으면 금세 집중력이 흐트러져 고민이라면 저처럼 아침에 일어나자마자 일을 시작해 보세요. 잡념도 덜 떠오르고 집중도 잘될 거예요. 의외로 효과가 좋을지 모릅니다.

왜 겸손하고
친절한 사람이
더 성공할까?

🎧 **10대의 질문**

"음악으로 먹고사는 데 성공한 사람들의 공통점이 있을까요? 있다면 그런 사람들은 어떤 성향인지, 어떤 각오나 의지를 품고 있는지가 궁금해요!"

오랫동안 이 업계에서 최고로 인정받는 이들은 어떤 사람일까 생각해 보니 일단 가장 먼저 떠오르는 공통점은 모두 성격이 온화하고 인간적인 매력이 있다는 거예요! 그렇기에 다들 함께 일하고 아이디어를 나누고 싶어 합니다.

제 주변의 업계에서 활약하고 있는 사람들을 실제로 만나면 여러분도 깜짝 놀랄 거예요. 이미 엄청난 성과로 대성공을 거뒀음에도 늘 겸손하고, 자기 발전을 위해 부단히 노력하며, 세상에 관심이 많고, 타인에게 친절한 사람이 많거든요.

또한 현실에 안주하지 않고, 항상 자기 작품을 더 나은 방향으로 발전시키고자 애쓰며, 함께 일하는 동료들에게 도움이 되고 싶다는 마음으로 최선을 다합니다. 이들은 어떻게 해야 더 좋은 작품을 만들 수 있을지 매 순간 진지하게 고민하고 행동합니다.

어쩌다 운으로 성공을 거머쥐었다는 사람은 거의 본 적이 없습니다. 그러고 보니 제가 몸담고 있는 이 업계는 음악에 대한 강한 의지를 품고 각오를 다지며 스스로 길을 만들어 가는 눈부신 사람들이 모인 멋진 곳이라는 생각이 드네요. ☺

'창작자의 체질'을
키우는 방법,
대공개!

"작사 실력을 키우는 방법이 있을까요?"

저도 진심으로 그 방법을 알고 싶네요! 😄 적어도 제가 여기서 알려 줄 수 있는 방법은 '자신의 감정을 말로 표현해 보는 연습을 하는 것'입니다.

말로 표현하기 힘든 마음, 희미하게 피어오르는 세밀한 감정을 노랫말로 엮어 가는 것이 작사의 묘미입니다. 그 훈련의 일환으로 말로 나타내기 어려운 감정이나 생각을 의도적으로 언어화해 보는 걸 추천합니다.

마음속에서 어떤 감정이 피어오른다면 '왜 이런 기분이 드는 걸까?', '왜 이렇게 슬픈 거지?'라고 스스로에게 물어보세요. 자기 내면의 감정과 마주하면서 질문에 대한 답을 찾아 나가는 겁니다. 완벽하지 않아도 괜찮습니다. 이런 과정을 반복할수록 여러분은 자기 자신을 더 잘 이해할 수 있게 됩니다. 나아가 이를 통해 타인에 대

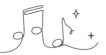

한 이해 역시도 더욱 깊어질 수 있죠!

단어 하나하나에 대해 깊이 생각해 보는 연습도 좋습니다.

여러분에게 과연 삶이란, 사랑이란, 음악이란 무엇인가요?

모두가 당연하게 쓰고 있는 단어나 주제에 관해 진지하게 고민하고, 나만의 생각을 자유롭게 표현해 '자기만의 단어장'에 담아 보세요.

매일 건네는 '안녕'이라는 말 한마디가 주어지더라도 각자가 쌓아 온 고유한 경험에 따라 다른 이야기가 나올 수 있습니다.

물론 조금 어렵게 느껴질 수도 있습니다. 하지만 가사로든 멜로디로든 다 좋습니다. 이런 훈련을 통해 이른바 '창작자의 체질'로 바뀔 수 있답니다.

6장

너의 이야기는
네가 살아가는 한 존재해

Your story exists for you to live

'부정역' 출발, '긍정역' 도착

저는 원래 성격이 어둡고 부정적인 생각을 많이 하는 사람이었습니다. 지금은 밝다는 말을 자주 듣지만, 사실 깊이 들여다보면 그다지 변한 게 없습니다.

하지만 밝고 명랑한 사람에게 매력을 느끼고 그런 사람과 가까이 지내고 싶다는 마음에, 저 역시 밝고 긍정적인 사람이 되고자 노력했습니다. 이 같은 노력의 결과로 지금의 제가 있게 된 셈이지요.

말하자면, '부정역'에서 출발해 '긍정역'에 도착했다고 볼 수 있겠네요. 😄

지금도 가끔은 겁 많고 걱정도 많은 원래의 성격이 튀어나오려 하지만, 옷차림이나 말투, 태도에 신경을 써 최대한 밝게 지내려고 애씁니다.

또한 가능한 한 웃는 얼굴을 유지하려고도 하지요. 신기하게도 웃으면 저절로 행복한 기분이 들곤 합니다. 이런 노력을 오래 하다 보니 서서히 밝은 사람이 된 것 같습니다.

한때는 분명 상당히 부정적인 사람이었는데, 정신을 차려 보니 언제부턴가 즐거운 마음으로 살 수 있게 되었습니다. 여러분이 지금 예전의 저처럼 부정적인 생각 때문에 괴롭다면 조금씩 앞으로 나아가는 연습을 해 보면 어떨까요? 생각만큼 잘 안 돼도 괜찮습니다. 저 역시 아직도 앞으로 나갔다가 뒤로 물러서기를 반복하고 있거든요. 중요한 건 원하는 방향으로 가고자 하는 의지가 아닐까요?

기억해!
삶은 엄청난
행운이란 걸

🎧 10대의 질문

"왜 살아야 하는지 모르겠습니다. 왜 태어났는지, 왜 이 세상에서 사라지면 안 되는 건지, 존재에 대한 의문이 머릿속에서 떠나질 않아요."

"아직 살아 있구나."

만약 10대의 제가 지금의 저를 본다면, 가장 먼저 이렇게 말하면서 놀랄 것 같네요. 예전에는 '틀림없이 난 일찍 죽을 거야. 차라리 그게 나을 테니까.'라고 생각했으니까요. 커트 코베인Kurt Cobain✦이나 지미 헨드릭스Jimi

---

✦ 미국의 전설적인 록 밴드 '너바나Nirvana'에서 보컬과 기타를 담당했다. 밴드의 곡을 직접 작사·작곡하기도 했으며, 1990년대 초 록 음악의 열풍을 주도한 천재 음악가로 평가된다. 생전에 우울증, 알코올 중독, 마약 중독으로 괴로워하다 1994년 27세의 나이로 자살했다.

Hendrix⁺ 같은 전설적인 뮤지션은 모두 스물일곱 살에 세상을 떠났으니 저 역시 짧고 굵은 음악 인생을 살다 이들과 같은 '스물일곱 클럽'에 이름을 올리고 싶다고도 생각했죠.

이미 여러 번 언급했지만, 10대 때는 제게 미래가 없다고 생각했습니다. 저는 보잘것없는 존재여서 하루라도 빨리 이 세상에서 사라져야 한다고 여겼지요.

이랬던 예전의 제가 지금의 저를 본다면 "생각보다 잘 살고 있군."이라고 말할지도 모르겠네요.

만약 그때의 저와 같은 생각을 품고 있는 학생이 있다면, 가장 먼저 이렇게 말해 주고 싶습니다.

✦ 전설적인 천재 기타리스트이자 싱어송라이터. 뛰어난 연주 실력과 더불어 독창적인 패션과 파격적인 퍼포먼스로 주목받았다. 한때 록 밴드 '지미 헨드릭스 익스피리언스Jimi Hendrix Experience'에서 기타와 보컬을 담당하는 등 명성을 떨쳤으나 1970년 27세의 이른 나이에 사망했다.

"계속 살아 보세요. 용기를 내 보세요."

사라지고 싶다는 생각은 하지 마세요. 뭔가 대단한
일을 하지 않아도 산다는 건 그 자체만으로도 의미가 있
답니다.

생각보다 훨씬 더 즐거운 일이, 기대조차 하지 않았
던 재미있는 인생이 여러분을 기다리고 있을지도 모릅
니다.

스스로를 세상의 방해물이라고 생각했던 저는 소중
한 사람들을 만나고 인연을 맺으면서 더 이상 제 자신이
이 세상에 어울리지 않는 존재가 아니라는 걸 알게 되었
습니다.

지금은 정말 많은 사람과 함께 일하고, 서로 도우며
살고 있습니다. 때로는 누군가에게 힘이 되어 주기도 하
지요. 진심으로 행복한 인생이라고 생각합니다.

살다 보면 어떤 마법 같은 일이 일어날지 아무도 모

릅니다. 전혀 다른 누군가를 만나 예상하지 못했던 방향으로 삶이 흘러갈 수도 있죠. 그 과정 속에서 우리 자신도 조금씩 변화해 갑니다. 한곳에 멈춰 있기가 더 어려운 게 인생이거든요.

지금의 저는 더 이상 사라지고 싶다고 생각하지 않습니다. 소중한 생명을 얻어 이 세상에 태어난 건 엄청난 행운이니까요. 우리는 모두 존재의 의미를 지니고 있고, 존재할 가치가 충분합니다.

적어도 저는 이제 그렇게 믿습니다. 저의 이야기가 꿈을 꾸는 누군가에게 힘이 되어 주기를 진심으로 바랍니다.

10대의 나에게
들려주고 싶은 말

10대의 제가 지금 눈앞에 있다면, 이렇게 말해 주고 싶어요.

"믿기 힘들겠지만, 미래의 넌 많은 사람의 사랑을 받고 있어. 상상한 것보다 훨씬 더 행복한 인생을 살고 있단다."

당시의 저는 꿈을 이뤄야 한다는 목표에만 지나치게 매달린 나머지, 다른 사람들이 쉽게 다가서기 어려워하는 분위기를 풍기는 존재였습니다.

"가정을 꾸리고 행복한 인생을 살라고? 그런 삶은 나에게 어울리지 않아. 불가능한 이야기지."

별거 아닌 말에도 사람들 앞에서 괜히 혼자서 발끈하곤 했습니다. 아무도 믿지 못하고, 스쳐 지나가는 사람을 향해서도 날을 세웠죠. 뮤직 스쿨에서도 다른 학생들

과 잘 지내 볼 노력 같은 건 한 적이 없었죠. 오로지 꿈을 이루겠다는 생각뿐이었거든요.

　무능한 사람은 뒤처진다는 생각으로 오직 앞만 보고 달리며 뭔가에 쫓기듯 살았습니다. 자신에게 엄격한 만큼 남에게도 엄격했고요. 지금 생각해 보면 그 예민함이 늘 표정에서, 행동에서, 말투에서 드러났던 것 같아요.

　그때의 저는 한마디로 필사적이었습니다. 그랬던 덕분에 지금의 제가 존재한다고 할 수 있겠지만요. 당시만 해도 스스로를 긍정하는 방법을 몰랐기에 그렇게라도 하지 않으면 저 자신을 지킬 수 없었던 거예요. 절망에 빠지지 않기 위해 날카롭게 신경을 곤두세우고 안간힘을 쓰면서 말입니다.

　만약 다시 그때로 돌아간다면 저는 절박했던 과거의 저에게 "괜찮아."라고 말해 주고 싶어요.

　"괜찮아, 카나타. 모두가 도와줄 거야. 혼자서 뭐든 다 해야 한다는 생각, 좋은 모습만 보여야 한다는 강박은 조금 내려놔도 된단다. 좀 더 자신을 믿고 사랑해 주렴."이라고 이제는 말할 수 있습니다.

어른이 된 여러분은 지금의 여러분에게 어떤 말을 해 주고 싶을까요?

분명 지금의 저처럼 괜찮다며 어깨를 토닥여 주고 싶지 않을까요?

죽을 만큼 힘들 때,
꼭 기억해야 할
진실

한때 이 세상에서 사라지기를 간절히 바라던 제가 누군가에게 도움을 주고, 살아 있음에 기쁨을 느끼게 되었습니다. 예전의 저는 이런 삶이 펼쳐지리라고 전혀 예상치 못했습니다.

하지만 저는 '지금, 여기에' 있습니다.

"나 같은 사람은 차라리 없는 게 나아."

말도 안 되는 소리입니다. 주변을 둘러보면 여러분을 사랑하는 사람은 분명 있어요.

물론 살다 보면 힘들고 고통스러운 일을 경험하기도 하겠지만, 삶은 여러분의 생각보다 훨씬 더 재밌고 즐겁습니다. 제가 직접 겪어 보고 느낀 점이지요.

어쩌면 여러분에게는 지금이 인생에서 가장 힘든 시기일지 모릅니다.

어른들은 모든 가능성이 열려 있다며 쉽게 이야기하지만 무엇 하나 확실하지 않은 혼란스러운 상황이겠

지요. 심지어는 그 와중에 남들로부터 날카롭게 평가받거나 다른 사람과 비교당하기도 합니다. 자꾸만 뒤처지는 것 같아 조바심이 나기도 할 테고요. 그러다 보면 자신의 존재 가치를 지나치게 낮게 느낄 수 있습니다.

하지만 누구나 태어난 그 순간부터 존재 가치를 지니고 있습니다. 주변에서 흔히 듣는 평범한 이야기겠지만 이것만큼은 진실이랍니다!

이런 생각을 더 단단하게 굳히게 해 준 사람이 있어요. 바로 우리 아이들이지요. 아이들이 이 세상에 존재한다는 사실만으로도 저와 남편은 무한한 행복을 느낍니다.

어쩌면 여러분의 부모님은 "네가 있는 것만으로도 우리는 행복하단다."와 같은 말을 평소에 자주 하지 않으실지도 모르겠습니다.

그래도 분명한 건 여러분은 세상에 태어나 첫울음을 터뜨린 그 순간부터 부모님을 무한하게 행복하게 해 주는 존재란 사실이에요.

그리고 언젠가 더 많은 사람에게 행복을 전해 주는 사람이 될 가능성도 얼마든지 있습니다.

그 사실을 부디 잊지 마세요! 어떤 경우에든 반드시 기억해야 할 소중한 진실입니다.

우리 모두는
'지금 이 순간'이
늘 처음이야

"꿈도 없고 장래 희망 같은 것도 없고, 뭘 해야 할지 막막해요."

막막한 게 당연해요. 우리 모두는 '지금 이 순간'이 늘 첫 경험이니까요. 지금 열다섯 살인 사람은 열다섯 살을 사는 게 처음인데 어떻게 긴 인생의 해답을 다 알겠어요. 그러니 너무 걱정하지 마세요. 매 순간순간을 충실히 경험하는 것만으로 충분합니다.

세상을 살다 보면 그 순간에만 경험할 수 있는 일들이 많아요. 지금의 나만이 맛볼 수 있는 감정이나 경험을 소중히 여기세요. 스스로 어떤 상태고, 어떤 감정을 느끼는지 관심을 가지세요. 그리고 무엇보다 자기 자신을 사랑하기 위한 노력을 멈추지 마세요.

하나 더 당부하자면, 정답 찾는 일을 포기하지 말았으면 해요. 꿈을 향한 발걸음에 실수란 없어요. 무수한 발자취가 모여 길이 되고 꿈이 된다는 사실을, 언젠가는 여러분 모두 알게 될 거예요.

너의 꿈도 안녕하기를
응원할게

'내가 책을 쓴다고?'

출간 의뢰를 받았을 때 속으로 많이 놀랐습니다.

글 쓰는 걸 좋아하지만, 지금까지 가사만 쓴 데다 지난 세월을 돌아보기에는 아직 이르다고 생각했거든요.

하지만 출판사로부터 '중고등학생들에게 진심 어린 응원의 메시지를 전하자.'라는 기획 의도를 전해 듣고 마음이 움직였습니다.

저는 10대 시절 겪었던 갈등을 창작의 원천으로 삼고 있습니다. 그리고 '이런 말을 들었다면 더 좋았을 텐데…….'라는 아쉬움도 있습니다.

제가 학생이었던 시절과 지금의 학생들이 처한 현실은 상당히 다르겠지요. 하지만 우리는 모두 같은 세상을 살아가는 동반자입니다.

내일을 향해 내딛는 여러분의 발걸음을 조금이나마

가볍게 할 만한 힌트를 하나라도 주면 좋겠다는 마음으로 출간 제의를 받아들였습니다. 아직 작가로서는 미숙한 사람이라 서툰 부분도 많습니다. 마지막까지 읽어 주신 모든 분께 진심으로 감사의 말씀을 드립니다.

출간 기회가 마련된 계기는 역시 '음악'이었습니다. 제가 쓴 가사를 인상 깊게 본 편집자가 책 출간을 제안해 주었지요.

그러니 음악 업계에 들어온 이후부터 많은 사람의 관심과 인연이 이어져 만들어진 결과물이 바로 이 책이라고 할 수 있습니다. 여러 사람들이 도와준 덕분에 책을 완성할 수 있었습니다. 늘 감사하게 생각합니다.

책을 펴내는 것은 아버지의 꿈이기도 했습니다. 안타깝게도 책 출간이라는 꿈을 이루지 못하고 돌아가셨지만, 아버지의 마음을 이어받아 제가 책을 내게 되었으니 큰 영광입니다. 아직도 믿기지 않습니다. 이 책이 천

국에도 배달되었으면 좋겠네요. 아버지께서 읽고 감상을 들려주신다면 얼마나 좋을까요?

지금까지 제가 만난 모든 분께 감사의 마음을 전합니다. 그분들이 있었기에 무엇이든 더 열심히 할 수 있었습니다. 덕분에 지금도 열정을 갖고 저만의 인생을 개척해 나가고 있습니다. 한 줄기 빛조차 보이지 않는다고 절망하던 인생이 언제부턴가 빛이 흘러넘치는 인생으로 바뀌었습니다.

"꿈을 이루는 방법은 하나가 아니야!"

저 자신도 이 말을 항상 되새기면서 새로운 꿈을 향해 끊임없이 도전해 나가겠습니다.

앞으로도 잘 부탁드립니다!

옮긴이 정은희

고려대학교 영어영문학과를 졸업 후 출판사에서 교과서와 참고서를 기획·편집했다. 대학에서 배운 일본어의 매력에 빠져 일본 문화를 공부하고 일본 서적을 읽으면서 번역가의 꿈을 키웠다. 글밥아카데미 수료 후 바른번역에서 전문번역가로 활동하며 좋은 책을 소개하는 데 힘쓰고 있다. 역서로는 《곰돌이 푸, 행복한 일은 매일 있어》, 《10대 민족으로 읽는 패권의 세계사》, 《아주 작은 디테일의 힘》, 《싱킹 프레임》 등이 있다.

꿈을 이루는 방법은 하나가 아니야

초판 1쇄 인쇄 2023년 10월 24일
초판 1쇄 발행 2023년 11월 7일

지은이 오카지마 카나타
옮긴이 정은희
발행인 강선영·조민정
디자인 강수진
펴낸곳 (주)앵글북스
주소 서울시 종로구 사직로8길 34 경희궁의 아침 3단지 오피스텔 407호
문의전화 02-6261-2015 **팩스** 02-6367-2020
메일 contact.anglebooks@gmail.com

ISBN 979-11-87512-90-5 43190

* 리틀에이는 (주)앵글북스의 아동·청소년 브랜드입니다.
* 잘못된 책은 구입처에서 바꿔 드립니다.